丛书编委会

总 策 划：来新国　王文成
编委会主任：郭齐勇　周晓亮
编　　委：来新国　陈知涯　张　彧　尹格韬　沈　众
　　　　　　王文成　孟淑贤　周长志　罗养毅　秦　丹
　　　　　　乌　琛

大家精要
典藏版丛书

简读 蔡元培

张晓唯 著

陕西师范大学出版总社 西安

图书代号　SK24N1824

图书在版编目(CIP)数据

简读蔡元培/张晓唯著.—西安：陕西师范大学出版总社有限公司，2025.1
（大家精要：典藏版/郭齐勇，周晓亮主编）
ISBN 978-7-5695-4172-4

Ⅰ.①简… Ⅱ.①张… Ⅲ.①蔡元培（1868-1940）—人物研究 Ⅳ.①K825.46

中国国家版本馆CIP数据核字（2024）第027752号

简读蔡元培
JIAN DU CAI YUANPEI

张晓唯　著

出 版 人	刘东风
策划编辑	刘　定　陈柳冬雪
责任编辑	郑若萍
责任校对	王西莹
封面设计	龚心宇　张潇伊
出版发行	陕西师范大学出版总社
	（西安市长安南路199号　邮编710062）
网　　址	http://www.snupg.com
印　　刷	深圳市福圣印刷有限公司
开　　本	889 mm×1194 mm　1/32
印　　张	7
插　　页	4
字　　数	127千
版　　次	2025年1月第1版
印　　次	2025年1月第1次印刷
书　　号	ISBN 978-7-5695-4172-4
定　　价	49.00元

读者购书、书店添货或发现印装质量问题，请与本公司营销部联系、调换。
电话：（029）85307864　85303629　　传真：（029）85303879

目录

导语　世人眼中的蔡元培 /001

第 1 章　晚清：漫漫求学之路 /005
　　　　　平和少年 /005
　　　　　治学源流 /010
　　　　　科场得意 /015
　　　　　在翰林院 /019
　　　　　从柏林到莱比锡 /024
　　　　　泛滥百家与学有所归 /027

第 2 章　民国时期："亦学亦政"，学界领袖 /032
　　　　　首任教育总长 /032
　　　　　"教育应立于政潮之外" /037
　　　　　涉足民初政争 /041
　　　　　"同盟会第一流人物" /045

元老参政 /049

国民党内的批评者 /057

晚年的教育试验 /063

中央研究院的基业 /071

第3章 人生辉煌：北京大学校长 /080

初到北大 /080

不拘一格揽人才 /083

净化风气，变更学制 /090

兼容并包 /094

学术自由 /099

新旧之争 /105

"五四"前后 /114

"教育独立议" /121

"不合作" /130

辞离之后 /137

北大情结挥之不去 /145

第4章 著述和思想 /152

《中学修身教科书》和《伦理学原理》/154

《中国伦理学史》/158

哲学发凡 /169

美学与美育 /177

《石头记索隐》/181

与胡适的论辩 /186

暮年倾心民族学 /192

文献研究概况 /199

教育思想等评述 /204

附录 /211

年谱 /211

参考书目 /214

导　语

世人眼中的蔡元培

20世纪初期的二三十年间，举凡学界中人，几乎无人不知有位"蔡先生"。这位生于清代同光年间的浙东商家子弟，凭着博学强记和一手"怪八股"的功夫，数年间，奇迹般地由古城绍兴的布衣寒士而跻身北京的翰林文苑，一时间引来多少寒窗学子的艳羡和敬慕。然而曾几何时，他却轻抛功名，挂冠而去，回乡兴办新式教育，随即走上反清道路，演出一场"翰林革命"。继而，又在"不惑之年"远赴欧洲，在德国苦学四年，一展游学西洋的平生夙愿。民国肇始，他作为首任教育总长，厉行变革，奠定共和教育根基。几年后，他出掌北京大学，高擎"学术至上、兼容并包"的办学旗帜，将一个沉闷萎靡的官衙式学堂改造成为焕发勃勃生机的新式学府；由此开创的自由学风，促进了新文化的繁盛，进而激发起"五四"风潮的热情，知识界的一代新人即从中育成。及至晚年，他主持国立中央研究院，将"五四"以来喧腾于世的"科学"口号落实为研究实体，面对种种困难，殚精竭虑，不仅组织起一支汇集各类人才的科研力量，而且初步确立了我国独立开展科学研究的规模和体系。他在民国文化教育史上的卓著功业，得到中外知识界的广泛推崇和尊敬。

就清末民初的一代知识分子而言，蔡元培可谓极重道德修养，对自身，对公众，莫不如此。倾心求索孕育了近世文明的西方观念和文化，并没有使他丢弃早年诚笃信守的传统道德价值。通常看来似乎相悖的中西道德伦理，在他那儿却经由择善而从的筛选，得到浑然一体的自然融合。有人说，他在西洋思想上，把握到自由与理性，在中国文化上，把握着中庸与良心。或许正是因为受到来自两种文化精粹的影响，他一生砥砺私德，力求纤尘不染，同时倡行公民道德教育，致力国人内在素质的提高，追求的是一种"形而上"的理想境界。最能反映他这一特点的，莫过于数十年力倡不懈的美育。尽管时运不济，时人亦大多不以为意，但他初衷不改。他的这种理想追求，常令后人感佩不已。"人世楷模"这一赞誉，在他辞世之初，或可视为悼亡的颂词，然而时过境迁，人心非古，却依旧被后世认可，则可视为某种"大德传世"的标识。

蔡元培早年投身反清革命后，即与政治结下不解之缘。但本质上，他属"学界中人"。在他看来，社会的发展虽然不排除必要时偶尔"骤用兴奋剂"的激烈运动，甚至革命，但就其常态而言，应是渐进地改良，要靠教育和文化的恒久作用，这是振兴民族和国家的百年大计。因此，他的活动重心始终不曾偏离文化教育界，而政治上的地位适足用来保障其文教兴革活动的展开。这就使他虽置身宦海，却不失书生本色。作为一种个人追求，他对中西学术均有浓厚兴趣，曾整理编次中国伦理学史，因疏证《红楼梦》而成一家之言，介绍西方近代哲学和美学成果，传播民族学知识并确定该学科的定义和名称……这些工作及其成果，倘用严格的学术眼光加以审视，或许算不上第一流的学术成就，但其中的相当一部分却带有学科开创的性质。人们普遍注意到他涉足学术领域的广博性，公认其为学界的"通人"。"他在学问上虽不是一个专家，却是一位通儒，通儒不是样样都懂，而是能通过事理，明辨是非，不固执，无偏见，胸襟豁达而又虚心的读书人。"论者的这一评述，颇为契合蔡元培的实际。正是这种"通人"的特性，使他能够在多元文化的时代里形成大气候。对此，梁漱溟发表过很精彩的议论：蔡先生"天性上具有多方面的爱好,极广博的兴趣","他的器局,他的识见,为人所不及……因其器局大,识见远,所以对于主张不同、才品不同的种种人物,都能兼容并包,右援左引,盛极一时。后来其一种风气的开出,一大潮流的酿成,亦正孕育在此了"。也就是在这个意义上,林语堂谈及蔡先生时,十分肯定地认为,"论著作,北大很多教授比他多,论启发中国新文化的功劳,他比任何人大"。

蔡先生的人生辉煌无疑是担任北京大学校长的那段时间,他将欧洲的大学理念、办学模式成功运用于东方古国,通过北大的教育革新,为中国高等教育的未来发展确定了航标。而这些,在蔡先生那里,似乎是一种文化性情的自然伸展,并非如同后来想象中的"励精图治"。时代的风云际会,已经将他推上了中国"大学之魂"的高度,人们抚今追昔,愈加感受到"蔡元培精神"的长久生命力所在……

第1章

晚清：漫漫求学之路

平 和 少 年

1868年1月11日（清同治六年十二月十七日），蔡元培出生在浙江省绍兴府山阴县城一户世代经商的小康之家。父亲蔡光普，是当地钱庄经理。母亲周氏。

山阴与会稽两县城只一河之隔，明清两代同属绍兴府，民国元年废府，两县遂合为绍兴县。蔡家祖居诸暨陈蔡乡。明代隆庆、万历年间蔡家迁至山阴，最初以伐售柴木谋生，后来经商，从事绸缎运销，曾远至广州。到蔡元培的祖父一辈，已是世居绍兴的第六代人了。祖父名廷桢，早年在典当商行学徒，后升为经理，以平生积蓄在县城笔飞坊购置宅院，与子孙合居一处。他生有七子，其中五人经商，一人习武，一人从文，其长子即蔡光普。蔡元培就生长在这样一个人丁兴旺、三世同堂的大家庭中。

他是家中第四个孩子，乳名阿培。在同胞兄弟姐妹七人中，小阿培天性详静平和。一次，女佣携阿培兄弟下楼游玩，楼梯高且陡，须由女佣抱下。女佣先抱堂兄，留阿培在楼梯口等候，岂料女佣抱堂兄下楼后遇有他事，竟忘记了阿培。小阿培不哭不叫，端坐楼梯口静待多时，直到被家人发现。

绍兴素以人文荟萃、国学隆盛著称于世。自远古至近世君王先贤、文人墨客留下的生命印迹，可谓俯拾即是，班班可考。这里每一处遗迹，都在诉说着一个悠远而生动的故事，昭示着绵延不绝的文化传承：治水八年三过家门而不入的大禹传说，在此化为气势巍峨的大禹陵，供后人瞻顾凭吊；曾经"十年生聚，十年教训"的越王勾践卧薪尝胆，矢志再起；大诗人陆游在沈园邂逅唐琬，写下缠绵悱恻传诵千古的《钗头凤》。且不去说《论衡》的作者王充、"乡音未改"的诗人贺知章、大器晚成的史家章学诚以及让郑板桥佩服得五体投地的徐文长等名家与绍兴的渊源关系，只以蔡元培家居的笔飞弄来说，就流传着晋代书法家王羲之的许多美妙传说。蔡元培自述：我家所在的"笔飞弄是笔飞坊中的一弄。相近有笔架山、笔架桥、题扇桥、王右军舍宅为寺的戒珠寺、王家山。相传右军在此的时候，一老妪常求题扇。有一日，右军不胜其烦，怒掷笔，笔飞去，这就是笔飞名坊的缘故。此说虽近于神话，但戒珠寺山门内有右军塑像，舍宅为寺的话，大约是可靠的"。此类越乡掌故，无疑会启迪蔡元培幼小心灵中的好奇和思智；举目即见、抬手可触的人文环境，自然产生贴近文化精粹的优越心理，对他的成长具有潜移默化的深刻影响。蔡元培18岁以前不曾离开故乡，而在此生活的时间累计超过其生命历程的三分之一。

1872年，刚刚5岁的阿培进入私塾破蒙读书，按照兄弟辈的排名，正式定学名曰元培，取字鹤卿。塾师是一位周先生，元培跟从他诵读《百家姓》《千字文》《神童诗》等开蒙读物，随后便读"四书""五经"。读"五经"之前，先生并不讲解，只要求反复诵读，直到背熟为止。另外还有习字和对课两门功课。比起那种古板的读书方法来，类似造句的对课更能激发元培的学习兴趣。对课，是由先生出一字，学生对一字，逐渐由一字到四字，要名词对名词，动词对动词，还要求词性相近。如天对地、山对水（或海）、桃红对柳绿或薇紫等等。待到四字对作得合格了，即可学作五言诗。这种文字游戏，是写诗作文必不可少的基础，其富于变化的形式，对聪颖的元培很有吸引力。其后几年，元培读书渐入门径，开始养成摒除尘嚣静心读书的习惯。某傍晚，他如往常一样在家中楼上读书，宅内失火，举家惊骇，急呼他下楼，而他因读书专注竟浑然不觉。

元培11岁那年的夏天，父亲病逝，一家人的经济状况急转直下，渐入困顿。亲友们拟议集资救助，却为刚强的母亲婉言谢绝。她靠乡人们主动还回的欠款和不时变卖首饰衣物，克勤克俭，聊以度日。这一变故，使蔡元培无忧无虑的读书生活发生了一些改变，因家里无力再聘塾师，只能就近附读。他先到姨父范氏家塾附读一年，其后又入李申甫塾馆读书。李先生教学注重背书，对达不到要求的学生处以苛罚。一次，元培背诵《易经》屡屡出错，竟被责打手心百余下。正是在这位严师的指导下，元培开始学作八股文。两年之后，13岁的蔡元培转入离家半里之遥的探花桥王懋修塾馆继续深造。

王懋修，字子庄，以精研八股文源流及技艺闻名遐迩，设馆授徒二十余年，其时馆内受业学生不下三十名。元培在其门下求学四年，学业思想深受其教诲和陶冶。此时，元培已读过"四书"及《诗》《书》《易》三经，删除丧礼内容的《小戴礼记》亦已读罢，正读《春秋左氏传》。加之，在六叔指导下，业已浏览了《史记》《汉书》《困学纪闻》等大量书籍，学业根基初立，求知欲正旺，因而颇得王先生器重。

这位老秀才严格禁止学生看"杂书",《三国演义》看不得,《战国策》也看不得。这是因为练习制艺不可用"四书""五经"以外的典故和辞藻,总之,未考中秀才之前,读书要符合科举的尺度。但讲课时,王先生却不拘此例,大谈明季掌故,褒贬先人的优劣得失,尤其好讲吕留良、曾静一案,深为其冤屈抱不平。课余,王先生雅好碑帖,时常捧着本《金石萃编》细细翻阅,与友人对答偶或亦以"西厢淫词"相调侃,在学生中传为笑谈。他指导元培做文章,对不合规范之处,并不立即改过,而是提示错处,令其自改,以利提高。这位王秀才倾心崇尚宋明理学,经常研读各家的著述,向学生讲述朱熹、陆九渊等人的哲理主张,也大胆阐发他自己的学术见解。他服膺王阳明,尤其崇拜信守气节的明末学者刘宗周(一号蕺山),自号其宅曰"仰蕺山房"。"绍兴在清代,受乡贤刘蕺山先生的影响,气节及理学的风气,深入于知识分子中间,在学术方面,述宋儒的绪余,把'知'和'行'打成一片"。蔡元培在20岁以前"最崇拜宋儒",显系受到其业师的熏陶。

在蔡元培求学的这些年里,其母周氏付出了大量心血。她十分重视对孩子的教育,常以"自立""不依赖"等语勉励诸儿,对好学而又悟性很高的二儿子元培督责尤严。晚上,元培在灯下做功课,她常陪坐案侧,直至夜深。有时见儿子困倦难耐，便索性令其歇息，到翌日凌晨即促其起身，补做功课，更显效果，使元培觉得"熬夜不如早起"，遂渐成习惯。元培17岁前后，几次参加科举考试，母亲总是夜半时分即起身烧饭，为之置备行囊。蔡元培忆述道："我母亲是精明而又慈爱的，我所受的母教比父教为多……母亲为我们理发时，与我们共饭时，常指出我们的缺点，督促我们用功。我们如有错误，我母亲从不怒骂，但说明理由，令我们改过。若屡诫不改，我母亲就于清晨我们未起时，掀开被头，用一束竹筱打股臀等处，历数各种过失，待我们服罪认改而后已。选用竹筱，因为着肤虽痛，而不至伤骨，又不打头面上，恐有痕迹，为见者所笑。我母亲的仁慈而恳切，影响于我们的品性甚大。"1886年初春，蔡元培的母亲病故。元培悲痛万分，执意按古制守丧。他对母亲的感情已渐渐升华为一种理智的观念。日后他投身社会力倡女权，究其根由，倘若不考虑其早年生活中母亲的因素，那肯定是一个极大的疏漏。

治学源流

蔡元培踏上科举道路的引路人是他的六叔蔡铭恩。这位县学廪膳生员，在绍兴城内招徒授业，略有藏书，是绍兴蔡氏族人中读书登科的第一人。元培自10余岁起,读书作文,得其指拨。元培先后两次参加童子试(小考)均由六叔送入考场,首次离乡赴杭州应乡试,也是叔侄二人同行。因此,尽管后来元培先于六叔考中举人,并连登高第,而铭恩只以举人终其一生,但元培对这位长辈和恩师敬重如常,执礼甚恭。

蔡元培15岁前后第一次参加童子试,结果考试失败。那时候童子试分作县考、府考、道考三级。县考正试一场,复试五场。府考正试一场,复试三场。道考由提学使主持,旧时称提学道,所以叫作道考,正式一场,复试一场。16岁时第二次应试,才考取了秀才,主持这一期院试的学台是广东番禺人潘衍桐。考官对其试卷的评语是"笔轻而灵,意曲而达""论尤精当,与众不同"。此后两年,元培先后在绍兴城内充任塾师,教授学童七人,这是他执教生涯的初始。同时,他开始自由读书,六叔有限的一点藏书几乎被他遍览无遗。其中,除补读《仪礼》《周礼》《春秋公羊传》《穀梁传》《大戴礼记》等经书外,还随意检读有关考据和辞章的书籍,诸如《章氏遗书》《日知录》《湖海诗传》《国朝骈体正宗》《绝妙好词笺》等等,尤其注力于经学和小学(**即文字学**),并开始学作散文和骈体文。这样任意浏览,渐渐将他引入较为专门的学术领域,其中使他感到"最为得益""深受影响"的是朱骏声的《说文通训定声》、章学诚的《文史通义》和俞正燮的《癸巳类稿》《癸巳存稿》几部书。

朱骏声,清代中期文字训诂学家,曾以所著《说文通训定声》一书进呈咸丰皇帝,被赐授国子监博士。该书集前人研究所得,以音韵重组《说文》各字,隶于其所立古韵十八部之下,解字除本义之外,增列转注、假借二项,"凡经传及古注之以声为训者,必详列各字之下,标曰声训",堪称有清一代颇具创见的文字训诂力作。蔡元培认为,举凡清儒治《说文》者,"只有朱氏,是专从解经方面尽力",其书不仅纠正了唐、宋以来只知会意不谙谐声的流弊,而且更正了许慎本人采阴阳学家言所作的若干不合理解说,其以音韵列解各字的形式,"检阅最为方便"。

章学诚是清代乾嘉时期浙东学派的代表人物,积三十年之力撰著《文史通义》数十万言,该书与唐代刘知几《史通》并称。书内首发"六经皆史"之议,颇多真知灼见,然章氏学说至清末始为世人重视。蔡元培"深服膺章实斋氏言公之义",尤其赞同章氏先有繁博的长编,后作圆神的正史,以及史籍中的人名地名须详列检目以备查考等具体主张,奉之为治史的规范。

如果说,朱骏声、章学诚的著作对蔡元培的影响还仅限于文字和史学等学术范围,那么,俞正燮的两部书则对蔡元培的影响延伸到了社会思想方面。俞正燮,字理初,在清代乾嘉以来的学者中可谓独树一帜,其治学内容极为庞杂,经史诸子自不必说,天文、医药、方言、释典、道藏,乃至边疆问题、鸦片缘起、社会习俗,无不在其精研详考之列。且常常于考述之余,直抒胸臆,陈古刺今,即所谓的"穷理尽性"。尤其对于男女不平等的社会现实多所针砭,思想守旧的李慈铭就曾说他"语皆偏谲"。俞氏的主要著作是《癸巳类稿》《癸巳存稿》。蔡元培晚年称,自10余岁即接触俞氏著作,"深好之,历五十年而好之如故",其原因是他"认识人权,认识时代"。俞氏书中"对于不近人情的记述,常用幽默的语调反对他们,读了觉得有趣得很"。特别是从各方面证明男女平等的思想,深深启发了蔡元培,成为其男女平等主张的重要思想根源。

总之,朱骏声、章学诚的著作使他确立起文字学和史学的基本观念,俞正燮的文字,则使他的思想渐渐挣脱理学的羁绊。

1885年中秋时节,18岁的蔡元培第一次赴省城参加乡试。薄暮时分,登上乌篷船,船行一夜,翌日黎明到达杭州。这是他首次离开家乡,呼吸外面的空气。西子湖风光旖旎,考场上却紧张森严。相继六天入居场屋,须作"四书文三篇,五言八韵诗一首;五经文五篇;对策问五道",三场考试结束，刚好是中秋月夜。蔡元培闲坐涌金门外的三雅园茶馆，细品龙井茗香，随后泛舟湖上，漫游彭公祠、左公祠……尽享湖光山色，体味"山外青山楼外楼"的诗外寓意。此次应试，多少有些"观场"意味，但名落孙山的结果，还是使他的生活发生了某种改变。第二年，他不再担任塾师，经介绍来到绍兴望族徐树兰府上充当其侄徐维则的伴读，并兼为徐氏校勘所刻书籍。

徐氏宅院坐落在水澄巷，距蔡家一里地之遥。主人徐树兰，字仲凡，曾任兵部郎中和知府等职，因母病返里，不再出仕，居乡致力于地方公益。徐搜罗碑版甚富，家中建有铸学斋，庋藏图书四万余卷，且自行编订刻印典籍，至20世纪初，扩建为古越藏书楼，声闻海内外。蔡元培20岁至23岁的四年里，在此读书、校书，得以博览，学乃大进。他为徐氏校勘了《绍兴先正遗书》中的四部书以及《铸学斋丛书》若干种。其间，他的读书已从泛览百家进入学有归旨的境界，其自述：治经偏于故训及大义，治史偏于《儒林》《文苑》诸传、《艺文志》及其他关系文化风俗之记载。

值得注意的是，蔡元培治经学偏于大义，与受到常州学派今文经学家的影响有关。他"读庄方耕氏、刘申受氏、宋于庭氏诸家之书，乃致力于《公羊春秋》，而佐之以太史公书，油油然寖馈于其间"。庄存与（方耕）、刘逢禄（申受）、宋翔凤（于庭）是清代乾嘉年间常州学派一脉相承的中坚人物，致力于今文经学，专治《公羊春秋》，好以微言大义比附现实，初启后来经世致用的端绪。晚清龚自珍、魏源诸人即师承这一学派。此时，元培对今文经学兴趣浓厚，发愿要编撰《公羊春秋大义》一书，足见其受此学派影响的程度。此种治学取向，与他日后投身社会变革应有某种内在关联。

在徐氏铸学斋伴读和校书的同时，蔡元培与山阴龙山书院、会稽稽山书院均有交往。他在书院中也不时写写风格怪异的八股文，例如，他喜欢用王引之《经传释词》上的古字和俞樾《古书疑义举例》上的古句，以求文章的奇僻古奥，使得常人几乎难以读通，他即以这种"怪八股"文章参加了其后的几次科举，以至于在江南士人中引来不少趣谈。

科场得意

1888年秋，蔡元培第二次往杭州应乡试，仍未中。翌年春，他第三次赴杭州，参加本年（己丑）因光绪皇帝亲政而举行的恩科乡试。前两次的科场蹭蹬，并没有影响他的锐气，运笔自如的"怪八股"在此次考试中发挥得淋漓尽致，竟使乡试房官宦汝梅阅其试卷后断定必是"老儒久困场屋者"所为。主考官李文田对此大为赞赏，正是由于这主考官的赏识，蔡元培考中了第23名举人。同科考取的还有张元济、汪康年、汪大燮、徐仲可、徐维则等。考官对元培试卷的评语为："不落恒蹊，语无泛设，引证宏博，词意整饬。"

蔡元培中举，在江浙士人中颇产生一些震荡，人们抄录传诵其"怪八股"，视为开风气之作，坊间刻印的"怪八股"特刊《通雅集》将蔡的文章作为压卷。当然，正统的八股家们很不以为然，斥之为"文妖"。其实，"所谓怪八股，仅仅多用周秦子书典故，为读书人吐气，打倒高头讲章而已"。这件事，引起当时学术界上层的关注，时在北京做御史的李慈铭阅浙江官版《题名录》时，在全省己丑恩科一三七名举人中唯将蔡元培、沈宝琛二人的姓名、籍贯载入日记，说明李对元培已有所注意。

按清代科举惯例，恩科乡试的次年，举行恩科会试。刚刚中举才数月的蔡元培旋即于1890年春入京赶考，时年23岁。他参加了会试的初试三场考试，会试房官王颂蔚阅罢其首场试卷，觉得简直不像是八股文，甚为惊奇，"及二三场卷，则渊博无比，乃并三场荐之，且为延誉"。其遂又考取第81名贡士。清代科举规定：会试考中为贡士，贡士须经复试列出等次，再参加殿试，考中即为进士。而且，复试和殿试的考卷径呈考官，不需誊录，故而比较注重书法。

蔡元培没有立即参加同年的复试和殿试，而是在两年之后才补行上述考试，这是什么缘故呢？据民国时期曾任中央图书馆馆长的蒋复璁讲，蔡考完会试即去拜见乡试中举时的考官李文田，进呈会试所作之文，李阅后大摇其头，预言此类"怪八股"在京城会试中不会有人欣赏，断难考取。蔡闻言，不及发榜即废然南返。岂料其后榜上有名，蔡自是不及回返，李亦大为诧异，后乃悟出定是房官王颂蔚赏识元培所致云云。此情况系由王颂蔚之子王季烈口述予蒋。但蔡元培晚年所撰的《自写年谱》记述："因殿试朝考的名次均以字为标准，我自量写得不好，留待下科殿试，仍偕徐（维则）君出京。"此说甚明确，但未道及出京是在榜发之前还是其后。近年失而复得的李慈铭《郋学斋日记》（自光绪十五年己丑七月十一日迄光绪二十年甲午元旦）载述了此事的原委。蔡元培一向仰重李慈铭，在京期间曾数次拜谒。这一年的李氏日记载云："四月十二日，是日会试填榜……知山阴中两人，蔡元培、俞官圻；嵊县一人，沈宝琛，本东浦人也；又萧山一人。绍府共四人耳。""四月十三日，蔡进士（元培）来；沈进士（宝琛）来。两生皆年少未习楷书，故不待复试而归。"李氏日记不仅证实了《自写年谱》的说法，而且透露出蔡元培是在知晓会试结果后决意延期复试的。

1892年春，蔡元培再次赴京，补应殿试。经复试后，被列为第三等，参加在保和殿举行的殿试。殿试只考策论，蔡元培充分施展博学强记的特长，对其中有关西藏的策论题详述其山川道里、行政沿革，且广征博引，断制自如。本年会试主考官为户部尚书翁同龢，殿试阅卷大臣为工部左侍郎汪鸣銮等。结果，蔡元培考取第二甲第34名进士。本科的状元、榜眼、探花分别是刘福姚、吴士鉴、陈伯陶，同科考中者尚有唐文治、叶德辉、汤寿潜、张元济、屠寄和沈宝琛等。蔡元培后来回忆这次考试说："向来殿试是专讲格式，不重内容的，只听说张香涛氏（张之洞）应殿试时不拘格式，被取一甲第三名。我那时候也没有拘格式，而且这两年中也并没有习字，仍是随便一写，但结果被取为二甲进士。闻为汪柳门先生（讳鸣銮）所赏识。有位阅卷大臣，说此卷的字不是馆阁体。汪说，他是学黄山谷的。于是大家都在卷子后面圈了一个圈，就放在二甲了。"被称为"宋四家"之一的黄庭坚，自号山谷道人，其书法在清季颇受推重。元培幸结其缘而金榜得中，自会感到"出乎意外"了。此后又经过朝考，蔡元培进而被点为翰林院庶吉士。

短短四年间，蔡元培乡、会试连捷，跻身翰林院，其踌躇满志，自不待言。考试结束后，他在京师盘桓近百日，其间一项重要活动是拜谒有关人士。当他与部分同年拜见座师翁同龢之后，颇引起这位帝师的注意，翁氏特录蔡的名姓、籍贯及简历于日记之中,并评赞其"年少通经,文极古藻,隽才也"。

1894年春,蔡元培再次赴京参加散馆考试。这是对翰林院庶吉士进行甄别以决定任用的一种例行考试。应散馆后,蔡元培被授为翰林院编修。至此,不满28岁的蔡元培已经达到了当时读书人羡慕不已的科举道路之极。

在翰林院

1894年下半年,蔡元培开始了供职翰林院的京官生活。应同乡先辈李慈铭的邀请,他兼任李氏嗣子李承候的家庭教师,为其讲授《春秋左氏传》,同时,还为李慈铭代阅天津问津书院的课卷,平素即寓居李宅。其时,中日双方在朝鲜的军事对峙已呈一触即发之势,元培以焦灼的心情关注着事态的发展。7月21日,他在和李慈铭《庭树为风雨所折叹》的一首五言律诗中,吟出"有感东邻兵事",抒发忧国情怀。10月,帝党中坚人物、翰林院侍讲学士文廷式召集院中同人,谋划御敌之策,建议光绪帝"密连英、德以御倭人",文廷式等三十七人遂联名上奏,蔡元培与丁立钧、黄绍箕、沈曾桐、徐世昌、柯劭忞、李盛铎、叶昌炽、张謇等列名其间。翰林学士们的这个奏折显然具有制约李鸿章"待俄使言和"的用意，清流学士更倾向于主战派。蔡元培即使在得知《马关条约》签订的消息后，仍然坚持认为："依宋、聂诸军，经数十战，渐成劲旅，杀敌致果，此其时矣。"然而，割地赔款的奇耻大辱，清廷朝纲的极端腐败，使得初出茅庐的青年翰林也只能"痛哭流涕长太息"而已。

中国在甲午战争中惨败，促使已近"而立之年"的蔡元培认真地重新思考许多问题，而"甲午之后，朝士竞言西学"的大气候，推动他开始饥不择食地摄取新学。1894年底，李慈铭病逝，李家南归，蔡元培移居京城南半截胡同的绍兴会馆。第二年夏初，许多朝中人士愤于《马关条约》的签订，纷纷请假离京返里。他的长兄蔡元钫也曾来信，"劝作归计"。此时，在甲午惨败后的灰冷气氛中，蔡元培对闲居京城徒拥虚名而无所作为的状况确实有过更张的念头，他向两广总督谭钟麟谋求广雅书局之职。到了这年冬天，他便请假一年，返居故乡。归途中，特赴南京，访谒了张之洞，适值康有为会试时的房师余诚格也在场，张氏盛赞康"才高、学博、胆大、识精，许为杰出的人才"。蔡访张，可能是礼节性拜会，但对这位封疆大吏称许康有为的言论，却留下深刻印象。康氏发起"公车上书"的壮举，已经令他感触到甲午以后社会风气正在发生变化。

1896年，在绍兴赋闲的一年里，蔡元培广泛涉猎了大量译本书和新学著作。此前,中日战争进行之际,他在北京即阅读了顾厚琨的《日本新政考》和李小池的《环游地球新录》等书,对日本几十年来的变化和世界形势产生兴趣。在家乡,他又先后浏览了日本冈本监甫的《日本史略》、沈仲礼的《日本师船考》、郑观应的《盛世危言》、梁启超的《西学书目表》和《读西学书法》、华蘅芳的《算草丛存》以及《游俄汇编》《电学源流》《电学纲目》《光学量光力器图说》《声学》《代数难题》等等。一位饱学经史的翰林学士,肯于静心研读这些学科广泛、内容生涩的各类书籍,足见其渴求新知的急切。后来,他曾总结自己30岁前后的治学路径:"少酖举业,长溺文辞,经诂史法,亦窥藩篱,生三十年,始知不足","未尝不痛恨于前二十年之迷惑而闻道之晚",决意"迷途回车,奚翅炳烛"。由此不难猜度蔡元培此时站在中国传统文化厚实的土壤上,遥望"西学新知"那别有一番洞天的景象时所怀的心态。从这个时候起,他的治学重心渐渐偏离经史辞章之类旧学,而对戊戌前后风行于知识分子中间的新学新书产生了强烈的求知欲。

1897年的北京,喧腾着改良思潮的热浪,《时务报》《国闻报》等倡扬变法主张的报刊源源流入,粤学会、蜀学会、闽学会等在京各省人士发起的维新团体纷纷成立。这股浪潮的首倡者康有为再次入京,接连上书,积极奔走……维新变法，正在由舆论鼓动演变成为政治运作。置身其中的蔡元培，虽然没有付诸直接行动，但就其内心倾向而言，则是与这场社会变革灵犀相通的，即其所谓的"维新党人，吾所默许"。在书写着"都无做官意，唯有读书声"的京寓中，他研读早期改良派人士的著作，深入探求新知。从接触西学的初期，他就具有将中西文化相互融合而不是相互对立的思维取向，这种思想风格，在他以后的岁月里一再表现出来。

同年初夏，蔡元培移出会馆，迁入绳匠胡同寓所。年末，德俄两国分别强占胶州湾、旅顺口，英法列强亦提出类似要求，逼清廷就范。元培痛感清政府之无能，他在日记中写道："吾中国近二十年仿范雎远交之策，甚睦于德，近又推诚于俄。不自强而恃人，开门揖盗，真无策之尤也！"近观京中大小官员，平庸苟且之辈居多，整日钻营名利，置国难于不顾，他的心绪为闷怨和痛苦所笼罩。这个时期，他与同僚或友人宴饮，时常酩酊大醉，醉后甚至大骂同座。他自述："我父亲善饮，我母亲亦能饮，我自幼不知有酒戒……到北京，京官以饮食征逐为常，尤时时醉。"世人视元培为恪守礼仪的谦谦君子，殊不知其青壮年时亦有豪放之举。同一年，蔡元培参加了在保和殿举行的旨在选定各省主考学政及会试考官的一次考试，获得会试考官资格。翌年其六叔蔡铭恩来京应试之时，他按例请求回避，以免其叔不能应考。

进入1898年,京城内的变法维新气氛更加浓烈,蔡元培也已不满足于只读中文译本书,而希望学习外文,扩大求知范围。他的好友、时任总理衙门章京的张元济,在琉璃厂开设了通艺学堂,专授英语。同时,他的另一友人刘树屏在内城设立专修日文的学馆。元培选择了后者,他认为日文易于速成,而且西文要籍均有日文译本,通日文即可广览西学书籍。6月,"百日维新"拉开了帷幕,光绪皇帝的上谕一道道颁布,而积习深重的官僚们却敷衍搪塞,等待观望。蔡元培赞同变法,同情维新志士。他与梁启超还是己丑乡试同年,但在康、梁名噪一时手可热之际,读书人的孤傲和自尊,使他"耻相依附,不往纳交"。置身局外冷静观察,加之数年京官生活的实际体验,使他深知社会守旧势力之强大和维新变法之艰难,而对某些参政伊始便露轻佻之态的新派人物,他也颇反感,认定其"不足以当大事"。有记载谓:新政期间,诏开"经济特科",选拔"洞达中外时务"之特殊人才,蔡因供职宗人府的同乡葛宝华荐举曾前往应征。此说如确实,则此是蔡元培与戊戌新政的唯一关联。

9月,宫廷政变的消息传来,戊戌新政恰如一场春梦,在血雨腥风中骤然消散。官场仍旧昏聩,民智依然未开。蔡元培痛切感到:"康党所以失败,由于不先培养革新之人才,而欲以少数人弋取政权,排斥顽旧,不能不情见势绌。"他赞佩谭嗣同的铮铮铁骨，视为自己的"先驱"，尤为痛恨清朝贵胄昏庸误国，其激切之情溢于言表，以致引起顽固派掌院大学士徐桐的注意。往昔热心维新的友朋早已风流云散，行事稳健的好友张元济也被革职出京，永不叙用。京官生活已无可眷恋，蔡元培决意另辟新路，施展抱负。同年10月，蔡元培请假离京，举家南归，开始了人生新的一页。

从柏林到莱比锡

蔡元培离京返乡后的数年间，先后在绍兴、杭州、上海等地办学，曾担任绍兴中西学堂监督（校长）、南洋公学特班总教习、爱国学社和爱国女学的校长，并与章太炎、吴稚晖等人发起成立中国教育会，被推举为会长。作为聚集在上海的知识界领袖人物，他在"张园演说"和《苏报》反满宣传活动中，渐趋激越，进而投身反清革命潮流，参与了光复会、同盟会上海分会的早期领导工作，成为辛亥时期东南地区的重要革命志士之一。

但是，蔡元培内心始终未失书生本色，在办学和秘密反清活动之余，仍然企盼实现游学欧洲的夙愿。他在写给好友汪康年的信中剖白心迹："盖弟数年来，视百事皆无当意。所耿耿者，唯此游学一事耳。"可知他渴望出国留学的念头十分强烈，因而才有1906年夏天"折节"入京销假之举，期待北京翰林院按原计划派送翰林出国留学。蔡元培一面应京师大学堂译学馆馆长章一山之聘，充任该馆国文教员，一面向学部申请自费留德，等候批复。不久，顺天府尹孙宝琦（慕韩）奉命出任驻德公使，蔡元培托请其弟孙宝瑄等从中说项，并登门拜访孙宝琦，表示愿在使馆中任一职员，以便留学。孙宝琦慨允每月助银三十两，而不需到使馆服役。同时，蔡与上海商务印书馆约定：在海外为其编撰教科书，每月得酬百元，留供家用。1907年6月间，蔡元培随同前往赴任的孙宝琦，由西伯利亚铁路踏上了欧洲的土地。

蔡元培留学德国的第一年在柏林度过，此时他年过四十，依照中国的习惯说法，已是年当"不惑"。他与同来德国留学的译学馆学生齐寿山、钱方度共寓一处，齐的同学顾孟余留德数载，谙熟诸事，即代蔡物色德语教师，定时讲授。考虑到蔡的旅居经费不足，孙宝琦介绍他兼任唐绍仪之侄唐宝书等四人的家庭教师，为其补授国学，每月报酬一百马克。此外，蔡元培还要利用余暇编译书籍，寄回国内，其生活紧张而忙碌。此时，中国留德学界人数尚少，在柏林的马君武、夏元瑮、薛颂瀛、宾步程，是与蔡时相往来的几位朋友。1908年暑期，蔡元培离开柏林，与齐寿山一同进入莱比锡大学。莱比锡大学是一所已有五百年历史的高等学府。大学设有中国文史研究所，主持该机构的孔好古（August Conrady）教授早年曾在北京译学馆任教，十分乐于招收中国学生，蔡元培因而顺利入学。

在莱比锡大学，蔡元培没有选定某一专业攻读学位，而是任由兴趣和爱好自由听课，在校的六个学期总计选听了40门课程，举凡哲学、文学、文明史、人类学、教育学、心理学、美学、绘画艺术论等，"时间不冲突者，皆听之"。其中印象较深的教师及其课程是：冯特的心理学和哲学史、福恺尔的哲学、兰普来西的文明史及司马罗的美术史等。冯特（Wilhelm Wundt）教授，是实验心理学的奠基人，曾在莱比锡大学创建心理学实验室，为举世所瞩目。这位在医学、哲学及法学方面均有高深造诣的学者，"又著民族心理学、论理学、伦理学、民族文化迁流史、哲学入门，没有一本不是原原本本，分析到最简单的分子，而后循进化的轨道，叙述到最复杂的境界，真所谓博而且精，开后人无数法门"。蔡元培对他非常推崇，接连三个学期选修其课程。兰普来西（Lemprechs）教授，则是史学领域的革新者，著有数十卷本的《德意志史》。他以进化的历史观划分人类社会的发展阶段，阐释种种矛盾的演化与归趋，其讲史注重美术，尤重雕刻、壁画等造型艺术的史学价值，使蔡元培深受启发和教益，进而参加了兰氏创设的文明史与世界史研究所，接受比较文明史方面的训练。这期间，蔡元培一面听课，一面仍延请教师练习德语，对于课堂上未听清或不理解的内容，则求教于高年级的德国同学，请其摘讲。同时，大量翻阅有关参考书，借以消化理解所学知识。20世纪初，康德、叔本华、歌德、莱辛等人的哲学和艺术思想在德国大学讲坛上占据重要位置，一些注重科学实验的新理论新方法也开始介入教育学、心理学等领域，这是一个新旧交融、学术更替的时代。蔡元培身处其间，学泛众家，领悟到其精神内涵。

泛滥百家与学有所归

课堂之外，蔡元培感受到一个充满美感的艺术世界。学校大礼堂正面那一组表现和象征希腊文化真谛的壁画，其精巧的构图和美妙的设色，将他带入欧洲文明的萌发时代；市内美术馆虽非一流，却收藏着文艺复兴以来诸位大师的代表性作品，漫步这上下三层楼、琳琅满目的艺术殿堂，仿佛对人文主义传统作了一次巡礼；椰园音乐厅每星期日演奏悠扬乐曲，更令异国学子流连沉迷，德意志浓重的音乐氛围，使他开始拨弄西洋乐器；莱城剧院不断上演的歌剧、话剧，饱含着西洋民族风情，伴随莱茵河畔的徐徐轻风，浸入心田，令人陶醉；而他与同学时常光顾的奥爱布赫小酒馆，即歌德当年就学于莱比锡大学时触发他创作著名剧作《浮士德》灵感的处所……蔡元培自述："我于课堂上既常听美学、美术史、文学史的课，于环境上又常受音乐、美术的熏习，不知不觉地渐集中心力于美学方面。尤因冯特讲哲学史时，提出康德关于美学的见解，最注意于美的超越性与普遍性。就康德原书，详细研读，益见美学关系的重要。"康德的美学思想吸引蔡元培收缩了求学范围。

除了研读康德著作，他还十分喜好德国学者厉丕斯（T.Lipps）所著《造型艺术的根本》一书，因为书中阐述的感入主义观点极为契合蔡元培对美学的理解，加之其文笔简明流畅，引起他"百读不厌的兴趣"。此外，摩曼（Meumann）教授的《现代美学》《实验美学》两书，言简意赅，门径分明，引发蔡元培着手进行美学实验。不妨说，接受西方美学思想，是酷爱哲学的蔡元培求学探索过程中的一个归宿点，也是其留学数年较为突出的学术收益。

尽管蔡元培涉猎的学科范围曾"勉自收缩"，而以美学和美术史为主，但其他类别的书"终不能割爱"。他描述自己留德期间的情况："来此已愈三年，拾取零星知识，如于满屋散钱中，暗摸一二，而无从连贯。"他甚至将自己的治学不专一，过于追求宽泛归结为"从前受中国读书人之恶习太深"的缘故。不过，这也同当时当地的学风不无关系。顾孟余认为："蔡先生留学欧洲之年，适值专家学风已超过顶巅，综合观察又复抬头之时，先生所从学者，又皆宏深博大之辈，此亦为影响其治学态度之成分。"蔡元培以国学隽彦而留学西洋，深厚的学术素养及长期的思维训练，使他对欧洲学术具有明敏的领悟和深刻的鉴别；自由地广泛摄取各类学术精华，又在相当程度上超脱了功利羁绊，这便使他的留学生涯成为在人类文化成果中"云游四方"、任情尽性探知的过程。因而对东西两大文明的共性和歧异有了超乎寻常的体认和识见，为其日后领导全国文化教育事业作了思想和学术准备。

在莱比锡的几年内，蔡元培听课之余，还有其他一些活动。孔好古教授主办的中国文史研究所开设练习班，他既参加练习，也略尽指导之责。市内的民族学博物馆，陈列有中国、日本等东方文物，他曾协同该馆人员讲解中国展品。在大学里，他结识了倾心东方文化的汉堡学生但采尔，帮助选译了其毕业论文《象形文字》中有关中国象形文字的一节。这类活动，使他体察到西方民众对东方文化的兴趣而益感交流的必要。莱比锡城内的中国学生，仅蔡元培、齐寿山及直隶人张瑾三人。每逢暑假，蔡元培便结伴外出旅行，曾到德国的特莱斯顿、耶拿、明兴、都绥多弗等地，亦曾远足瑞士,饱览西欧各地的自然风光和人文景观。

留德期间,蔡元培编著和翻译了三十余万字的文稿,寄交商务印书馆陆续出版。这些著译是:1.1909年10月翻译出版的《伦理学原理》;2.1910年4月出版的《中国伦理学史》;3.《中学修身教科书》,共五册。这套教科书,与张元济、高梦旦二人分别编写的初小、高小修身教科书相衔接,在民国初期曾被各校广泛采用,至1921年9月已印行第16版。相对说来,留德的四年,是蔡元培能够潜心治学,辛勤笔耕的一段黄金时期。

当然,这位沪上革命的重要人物,对于国内正在发生的事情还是十分关注的,与海内外的反清革命人士保持着通畅的联系。他从上海友人按期寄来的《中外日报》和《神州日报》上知悉国内的社会政治动态,在与汪康年、陶成章、吴稚晖等人的通信中,了解革命、立宪、保皇等各派政治力量的变化及其内情,对诸如浙江路事、章太炎等与孙中山的龃龉、刘师培的变节、于右任所办《民呼日报》的被封,以及汪精卫的入京行刺等事均有所探询或评论。这段时间,蔡元培与同在欧洲的吴稚晖、李石曾、张人杰三人关系渐深。吴等在巴黎筹组"世界社",先后刊行《世界画报》《新世纪》,宣传革命思想,倡扬无政府主义,痛斥立宪主张,并在经济上赞助孙中山的革命活动。蔡元培与吴稚晖互致信函,评事论人，尤为相契，与孙中山的交谊，似即由吴从中牵线。1911年10月，正在德国一所新式中学参观的蔡元培，从报上得知武昌起义的消息，兴奋不已，随后又接到吴稚晖来函，坚谓："大家应竭力促成此举。"蔡遂赶往柏林，与留德学生集款致电国内各省，促其响应；同时，致信时在伦敦的孙中山，建议筹款订购克虏伯兵工厂制造的新式大炮，以助成革命。对袁世凯复出后革命所面临的局面，他认为，袁世凯不会像当年曾国藩效命清廷镇压太平天国那样对待此次革命，但也不可能赞成民主共和，袁之"出山，意在破坏革命军，而即借此以自帝"。在辛亥事件之初即作出这一分析，可见其政治观察力之敏锐。不久，蔡元培接到陈英士促请他回国的电报，这位当年蔡元培在中国教育会开办通学所时的学生，此时已成为上海方面革命力量的主要领导人。11月上旬，蔡元培匆匆结束了四年之久的留德生活，经西伯利亚返回祖国。

此时的中国，正站在新旧两个时代的分界点上，蔡元培或许不曾意识到，自己将在新的历史舞台上扮演一个重要角色。

第 2 章

民国时期:"亦学亦政",学界领袖

首任教育总长

1911年12月初,蔡元培返抵上海。时值隆冬,寒气正深,然而武昌起义掀动起来的共和热浪正漫卷华夏大地,各方名流齐集宁沪,紧张筹建新生的共和政权。他寄居爱国女校,与诸多人士接洽商谈,奔走建国事宜,协调各方立场,并与在沪人士迎接孙中山自海外归来。翌年元旦,孙中山在南京就任中华民国临时大总统,随即组阁。在酝酿教育总长人选时,曾先后提名章太炎、汪精卫、严修、胡子靖等人,最终确定蔡元培,乃获各省代表通过。南京临时政府素称"次长内阁",同盟会会员以次长之职主持部务,总长则多请社会名流充任，只有陆军、外交、教育等少数部门例外。因此，孙中山派薛仙舟至沪招请蔡元培赴任时，蔡初曾力辞，当闻知上述情由，转而决意"勉为其难"。他邀约中国教育会时期的老友、在商务印书馆常年编撰学校教科书的蒋维乔，并另聘一位会计兼庶务，共同赶赴南京，受命组建中华民国的教育部。

新生的政权，百事待举而困难重重。作为首任教育总长的蔡元培来到金陵城面见孙中山临时大总统，询以"教育部何处办公？"答曰："须总长自己寻觅。"此时，有限的几处旧官署已均被占用，蔡元培只得走街过巷，选定部址。幸而路遇故交马相伯，这位时任江苏都督府内务司长的老友允借府属碑亭巷的几间空屋，暂作办公之地。临时政府各部的印章制作完毕后，由于部内人手少，蔡元培乘坐人力车独自到总统府将印章领回。条件虽然简陋，排场亦可不讲，但在延揽部内人员时，他却力求一流人才。许寿裳、周树人（鲁迅）、钟观光、王之瑞（云五）等即此时陆续应聘进教育部任职。他奉行"为事择人，不设冗员"的原则，部内人员含缮写、杂务等在内仅三十余人，不足其他部门的三分之一。鉴于时局尚未安定，首要的工作是制定各级学制，登记学校，为全国性教育改革作先期准备。部内人员发挥各自专长，分别起草学制方案，遇有文牍，即时办理，其工作气氛颇似书局之编译所，而绝少官衙习气。部内各员，除总长、次长之外，统称筹备员，无官职等级之分，每月薪俸，均为几十元，即使总长亦不例外。主持全国学政，蔡元培特别注意察纳雅言，对于陆费逵、王之瑞等人各自提出的合理建议，或登门造访，恭听其意，或延揽入部，行其所愿，可谓从善如流。在汇集众人智慧的基础上，蔡元培和教育部接连推出革新措施：

1月19日，教育部发布《普通教育暂行办法》，共14条，主要内容是：学堂改称学校；教科书须合于民国的共和宗旨，禁用清学部规定的教科书；废止旧时的奖励出身制度；学校注重兵式体操等。这些通令各省的规定，大大撼动了年深日久的封建教育秩序，为全社会送来一股民主共和的新风。

1月30日，教育部下达在全国推行社会教育的通令。蔡元培深感国人年长而失学者众多，欲求教育普及，必须力行社会教育。筹组教育部时，特设社会教育司，与普通、专门两教育司鼎足而三，确立其体制上的地位。同时，要求各地广为宣讲，次第实行。推广社会教育，实乃国情所急需，虽然难以立见成效，却在学界开辟出一席之地。

民国业已创立，教育方针一日不明，全国学界便难有旨归。有关人士喧腾于口，吁请总长速作定夺。蔡元培于是撰成《对于教育方针之意见》，在2月上旬公诸报端。这篇被后人视为"纲领性的文献"，开宗明义便将教育划分为"隶属于政治"和"超轶于政治"两种类别，认为教育在专制时代基本隶属于政治，而到共和时代才可能超轶于政治。循此观念，蔡元培对清朝学部1906年规定的忠君、尊孔、尚公、尚武、尚实的五项宗旨大加修订，提出新的教育方针为：军国民教育、实利主义教育、公民道德教育、世界观教育和美感教育。前三项，与尚武、尚实、尚公相合，仍为隶属政治的教育，而后两项，则是首次提出的"超轶于政治"的教育。至于原宗旨中的忠君、尊孔两项，因与共和政体和信仰自由相悖，特予删除。他强调，新列五项均为当今教育所必需，相互关联，不可偏废。军国民教育和实利主义教育，旨在强兵富国；公民道德教育是以西方的自由、平等、博爱和与之相应的中国传统的"义、恕、仁"为内容，用以节制前两项教育的副效用，诸如兵强而流于私斗、侵略，国富而演成弱肉强食、贫富悬殊等。他还用不少笔墨演绎康德哲学中"现象世界"与"实体世界"的二元论观点，以论证世界观教育在人类认识过程中的"终极境界"，以及美感教育所具有的沟通"现象"与"实体"两个世界的桥梁作用。

通览全篇，令人感到这位教育总长虽然将德智体美四育并举，但其重视道德教育的倾向十分明显，公民道德、世界观、美感三项教育均以培养共和国民的"完全人格"为基本目的，尽管后两项以"超轶于政治"相标榜，而实质并不曾改变。就内容而言，属于蔡元培独创的是世界观教育和美育，然而其表述话语几乎完全沉溺于康德的哲学概念，为世人所不熟知。蔡元培后来的追述则要明确清晰得多："提出世界观教育，就是哲学的课程，意在兼采周秦诸子、印度哲学，以打破两千年来墨守孔学的旧习。提出美育，因为美感是普遍性，可以破人我彼此的偏见；美感是超越性，可以破生死利害的顾忌，在教育上应特别注重。"这即是说，世界观教育的实质在于破除来自各方面的思想桎梏，使人们临近那种自由畅快、以其至性认知事物的精妙境界，而美育则重在陶冶情操，完善人格。

蔡元培关于民国教育方针的主张，在相当程度上也反映了西方近代价值观念浸入中国社会之后的思想文化诉求，并与辛亥以后的政治格局相适应。它的提出，大大推动了学术教育界除旧布新的势头。半年之后，北京教育部正式公布民国教育宗旨为"注重道德教育，以实利教育、军国民教育辅之，更以美感教育完成其德"，大体上表述了蔡氏的主张。

"教育应立于政潮之外"

发表关于教育方针的意见后不久，蔡元培奉孙中山之命，担任迎袁专使赴北京交涉，为时一个月。其间，由次长景耀月代管部务。景耀月系同盟会员，平素热衷党务，对教育之事过问不多。在代管期间，他忽而开列数十人名单，分别冠以参事、司长、科长、秘书之名，报经总统府正式委任。其中，除原有筹备员外，增加许多与教育无涉而有党派背景的人员。景氏的用意在于先入为主，使这些人在政府北迁后仍能占据位置。此举，造成部内冗员骤增、工作杂乱的局面，招致原有人员的不满。3月中旬，蔡元培回部视事，面对如此情状，详陈利弊得失，说服景氏和众人，取消前述之举，并果断将已发之委任状退还总统府。据说，总统府秘书长胡汉民对蔡元培的这一举措颇不以为然，深怪其"对于本党老同志不肯特别提拔"。以致政府北迁蔡仍主教育部时，有人请胡介绍入该部供职，胡不无抱怨地答曰："别部则可，教育部不能。"蔡元培此时的用人主旨是：唯才是举，能者在职，不为党派所囿。

3月底，唐绍仪内阁成立，蔡元培留任教育总长，于4月入京上任。他选中曾在清末担任学部参事，时为共和党人的教育行政专家范源濂为自己的副手，先后两次亲访，坦诚相邀。他说："现在是国家教育创制的开始，要撇开个人的偏见，党派的立场，给教育立一个统一的智慧的百年大计……教育是应当立在政潮外边的。我请出一位异党的次长，在国民党里边并不是没有反对的意见，但是我为了公忠体国，使教育有全国代表性，是不管这种反对意见的……我之敢于向您提出这个请求，是相信您会看重国家的利益超过党派的利益和个人的得失以上的。"此番诚意，使范大为感动，乃应允出任次长。新建教育部计有部员七十名左右，主要由蔡、范二人推荐，蔡所荐者，欧美及日本留学生居多，范提出者，大多富有教育管理经验，然均未注意党派关系。蔡元培自述：民国"元年我在教育部时，请范君静生相助，我偏于理想，而范君注重实际，以他所长，补我之短"。二人的兴趣分别偏好高等教育与普通教育，遂合力整顿共图改革。蔡元培认定，共和时代教育能够超轶于政治，进而主张"教育独立"，他在民国元年教育部的一系列举措应当视为这一信念的实际体现。

蔡元培在北京政府中任职仅有三个月时间。到京之初，接收前清学部，聘定部内人员，健全各级机构，发布有关学令，确乎有干一番事业的志向。4月底，他与部员谈话提出，鉴于各校程度参差不齐和清末办学的"奢、纵"之弊，

"拟先将中学以上官、公、私立学校，严加归并，裁汰冗员，严定章程，以便早日开学"。这一设想可谓彻底整顿、全面更张。5月初，他通令将北京大学堂易名为北京大学校，提名启蒙思想家严复出任校长。随后，在向参议院发表施政演说时又明确表示，总长之职"既勉强担任，断不敢存五日京兆之心"，并就教育方针、设施、行政权限、派遣留学生及少数民族教育诸问题一一陈述意见。其中特别强调："在普通教育，务顺应时势，养成共和国民健全之人格；在专门教育，务养成学问神圣之风习。"为了确定民国教育的方针大计，他领导的教育部发起召开了由各地专家参加的全国临时教育会议。蔡元培在7月10日举行的开幕式上宣布，此次会议是"全国教育改革的起点"。教育部将事先草拟的四十余项议案提交大会审议。这些议案，凝聚着蔡元培主持教育部半年来的心血，设计规定了新教育的体制和细则，从而构成此后实行十年之久的"壬子癸丑学制"的基本内容。其中，较能体现蔡元培个人主张的，是他提出的《学校不应拜孔子案》和由他手订的《大学令》。

尊孔读经，千百年来一脉相承，近乎天经地义。这一文教风习与专权政治纽结在一起，成为阻碍中国社会迈入近代门槛的惰性因素。已经接受欧风美雨沐浴的蔡元培认为，"尊孔与信仰自由相违"，虽然孔子及其学术自有其价值，但后世将其演变为儒教、孔教,定为一尊,令人顶礼膜拜,则极不合理。故而,力主普通教育废止读经,大学课程废弃经科。针对清末学堂中通行的类似宗教仪式的祀孔习惯,他主张明令废止。此举对当时的思想文化和一般社会心理形成不小的冲击,昔日至高无上的偶像开始变得黯淡,多元文化渐渐弥漫于知识阶层。

作为教育家,蔡元培比较偏好高等教育,还在留德期间即留意考察欧洲的大学制度,主持全国学政后,筹划除北京外,分别在南京、汉口、成都、广州各设一所国立大学,以扩充高等教育。他亲自起草《大学令》,仿效欧美有关制度,着重提高现有学校的办学质量,规定:大学设置预科,预科毕业或经考试证明具有同等学力者始得升入大学;大学高年级学生须完成一定研究课题方可毕业;大学分设文、理、法、商、医、农、工七科,而以文、理两科为主,使之成为研究高深学理之机关。这些主张虽为全国临时教育会议所采纳,但大多未切实施行。然而,蔡元培关于大学教育的一系列构想,却为他几年后整顿北京大学准备了行动方略。

尽管这位书生参政的总长秉持"教育应立于政潮之外"的愿望,但他苦心经营的全国临时教育会议还未结束,他就以纯粹的政治原因辞去内阁的职务。

涉足民初政争

事实上，从蔡元培由德归来、踏入国门之日起，便已置身政治活动的舞台，在民国初年的南北政争中甚至一度扮演重要角色，成为举国瞩目的人物之一。

归国之初，寓居上海，正值张謇、章太炎、汤寿潜及赵凤昌等沪上名流酝酿大元帅人选。此时孙中山还未归国，多数人倾向黎元洪，陈英士等人则属意于黄兴。蔡元培两相权衡，选择后者。因为黎氏有与袁世凯部下妥协之嫌，恐于革命不利。表决之前，他夜访章太炎、汤寿潜，劝说二人改推黄兴，章、汤勉从其意。翌日，黄兴被举为大元帅，黎元洪次之。蔡氏此举，显然与同盟会诸人有所默契，在各派势力之间，他的政治归属甚为分明。亦因如此，当同盟会与光复会这两个反清革命团体之间的矛盾日显尖锐之时，蔡元培的处境便显得有些微妙。还在辛亥革命的前一年，章太炎脱离同盟会，在东京设立光复会总部，公开与孙中山等人闹分裂。武昌起义后，他提出"革命军兴，革命党消"，意在解散同盟会。由于一些光复会系统的浙军将领在推举临时大总统问题上持有异议，章氏便乘此要求十七省代表延缓选举。蔡元培与光复会、同盟会均有渊源，身处内争之中，只得调停周旋。他曾赶赴南京，代为转达章太炎的意见，又将各省代表决意推选孙中山为临时大总统的情况告知章氏。章太炎此时在上海自组统一党，邀蔡元培共寓一处。鉴于孙中山当选将成定局，章乃与蔡相约，浙人不入南京临时政府任职，蔡敷衍应之。不久，孙中山派人招蔡入阁，太炎援引前约，扣其行装，极力阻止。蔡则顾全大局，执意赴命，不惜刊登通告，以谢"背约之罪"。随后，蔡元培赴宁出任孙中山临时政府的教育总长，而章太炎却没有发表蔡拟就的"谢罪通告"。由此事可以窥知，蔡元培在光复会与同盟会内部纠葛中的某种弹性态度。

1912年2月中旬，国内军政实权人物袁世凯，借南方革命之威，迫使清帝退位，孙中山如约让出临时大总统之位，但坚持袁氏必须南下就职，以避由清禅位之嫌。为此，迭发电报，促袁南行，而袁氏则托词延宕，并无来意。在此情况下，孙中山决定派遣专使，北上迎袁。专使的条件，为同盟会员同时是南方政府阁员者，蔡元培具备这些资格，遂被派为专使。南方政府派专使迎袁南下，是要表明一种政治姿态，显示孙中山等人维护革命成果的意志和决心。不过，这一使命能否达到目的，局内之人表示悲观者居多。有的朋友认为，此乃"倒霉的差使，以辞去为是"，蔡元培觉得，南京政府必须有此一举，畏难推诿，实不足取。于是偕宋教仁、汪精卫、魏宸组、钮永建、王正廷、刘冠雄等八位欢迎员与唐绍仪、李石曾等共乘招商局"新裕"号客轮由海路北上。

2月下旬，蔡元培一行抵京，欢迎场面虽然隆重浩大，但感受到的气氛却与南方迥然不同。前来访晤的当地代表众口一词反对迁都，蔡元培屡屡申明来意，排除"误解"，不胜其苦。与袁世凯相见后，接连三天会谈，这位权倾一时的"大人物"表示，只要军队有人统摄，愿意脱离北京这个"臭虫窝"。然而，袁派要人则力持袁氏不能南行，蔡坚守来意，履行使命，会谈难有实质性进展。29日夜晚，蔡元培在专使团下榻的东城煤渣胡同法政学堂寓所与钮永建、汪精卫闲谈之间，骤闻枪声响起，急忙打电话询问陆军部，答以第三镇兵变。枪声渐近，守护专使团的卫兵已不知何往。情急之中，蔡元培等人越墙避入相邻的青年会教士、美国人格林的寓所。乱兵闯入专使团驻地，大肆抢掠。翌日晨，蔡一行人避往东交民巷六国饭店。不久，与袁世凯关系密切的孙宝琦首先赶来慰问，述说昨晚正在袁氏官邸，得知兵变，袁即传令切实保护专使团，并说：人家不带一兵，坦然而来，我们不能保护，如何对得住云云。遭此变乱的专使团也只能姑妄听之。乱兵声言："袁宫保自己要到南京做总统去，不要我们了！我们还是各人抢一点，回老家去！"京中舆论视此为兵变起因。继北京之后，天津、保定等地也相继发生兵变。外国列强借口护卫使馆和侨民，拟调兵入京，更无异火上浇油。面对如此局面，蔡元培的专使团承受的压力之大，可想而知。几经磋商之后，蔡致电孙中山，认为"速建统一政府，为今日最大问题，其余尽可迁就，以定大局"。进而具体建议：取消迎袁南下之议，确定北京为临时政府之地点。同时，推定宋教仁等返宁面商变通办法。这一事态演变，显然对袁氏有利，袁氏甚而乖巧地提议请副总统黎元洪代其赴宁就职。南京方面并无良策可施，只得让步。3月10日，袁世凯在北京宣誓就任临时大总统，蔡元培代表南方接受誓词，并致祝贺。此刻，他的使命已戏剧性地发生了改变。

迎袁失败，表面上的责任在蔡元培一行人。以往史家责其"胆量不足""为袁所欺"，大多着眼于当事人的政治素质欠缺。不必讳言，书生气十足的蔡元培出任艰巨，与历尽波凶浪险的政界高手袁世凯周旋，居于下风本在意料之中。问题在于，促袁南下就职这一决策究竟有多大可行性。辛亥之后，政体变更，国基未稳，袁世凯的北洋系占据北方军政重心，牵毫发而动全身，促袁南下隐含国都南迁之义，如此重大举动骤然行之，未免草率。京、津一带兵变，固然不排除袁氏暗中施用伎俩的可能，但北方既得利益集团抵制军政重心转移的社会心理也有其作用。政治较量的成功，取决于军事、财政、社会等多种实力因素构成的综合优势。孙中山领导的南京政府作为新兴的政治力量，与袁世凯所代表的传统势力相比，还过于稚嫩弱小，几经交手，均为输家。蔡元培迎袁不果，只是南方一系列失败中的一例。

"同盟会第一流人物"

专使团离京之前，受命筹组南北统一政府的唐绍仪拟议一内阁名单，蔡元培仍名列其中，主管教育，蔡极力辞却，遂改为范源濂。外界不明内情，乃传言：蔡迎袁无效受惩而被削职。此说一出，涉及南北关系，孙中山、唐绍仪等力主其留任，蔡亦不便再辞。唐绍仪内阁由南北两方面人员混合组成，十名阁员，双方各居其五。同盟会方面除蔡元培外，还有王宠惠、宋教仁、王正廷，分主司法、农林、工商各部。唐绍仪本人与袁世凯有二十年的交谊，曾任南北议和的北方代表，不久前由谋客赵凤昌提议，经孙中山、黄兴赞同，加入了同盟会，成为兼顾南北的特殊人物。内阁中的外交、陆军、内政、财政、交通五部则由袁派大员分任。置身于这样一个内阁，蔡元培充分体验了民国初年专制与共和的矛盾与冲突。他信守自由民主的价值观念，原以为创建民国之后，共和政治即成为现实，依法履行公务的政府应当有所建树。然而，袁世凯作为总统却蔑视《临时约法》规定的责任内阁制，独揽大权，专断行事。内阁中的袁派成员，事无巨细，唯袁命是从；南方阁员欲有所为，却受到多方掣肘。遇事认真的蔡元培在内阁会议上不免常与段祺瑞、熊希龄等袁派阁员发生争执，但收效甚微。总理唐绍仪力持责任内阁制，亦遭袁氏疑忌，接连受到诋毁。深深的失望，使蔡元培感到，与其"任此伴食之阁员"，不如高蹈远引。他约集同盟会其他阁员，对他们说："目前情形，政府中显分两派，互相牵制，无一事可以进行。若欲排斥袁派，使吾党同志握有实权，量力审时，决无希望。不如我辈尽行退出，使袁派组成清一色的政府，免使我辈为人诽谤，同归于尽。"宋教仁对此主张不甚赞同，但面对现实亦无可奈何，乃相约：遇适当机会，一齐辞职。

不久，唐绍仪与袁世凯就直隶总督人选发生尖锐对立。唐组阁时，孙中山提出由王芝祥任直隶总督，唐商之于袁，袁未表示反对。然时日迁延，此项任命迟迟不见发表，唐催促再三，岂料袁氏另有安排，直督一职委任其心腹冯国璋，王芝祥改派他职。唐坚执原议，袁则将未经总理副署的委任状径自颁发。唐愤而出走天津，随后辞职。蔡元培等同盟会四阁员践行前约，连带辞职。袁氏设法挽留，其亲信梁士诒奔走游说，力劝四人取消辞意，宋教仁对公开与袁氏抗争有所保留，但蔡元培援引前约，执意共同退出政府。他在7月10日起草的致继任总理陆征祥的四阁员联名辞职函中毅然宣布，到部视事以14日为截止期限。这样，袁世凯只得准予辞职。蔡等此举，被某些人视为"闹党见而不顾及国家"。为此，蔡元培发表《答客问》，陈述原委，辨析是非。其实，蔡元培真诚追求民主政治，极愿在共和制的政党内阁中为国家开创一个新格局，可是理想与现实之间相距甚远，厕身于"无方针无线索"政府之中，"机关停滞，万事丛脞"，在袁氏的集权高压之下，不过"充纸糊台阁之片段"而已，于国家前途毫无裨益可言。所以，他申明："吾党不必无执拗粗暴之失德，而决无敷衍依阿之恶习。"显示出为了理想和人格，决不与污浊的现实共浮沉的气度，被舆论界赞许为"同盟会第一流人物"。

民国成立以来的风风雨雨使蔡元培对于辛亥革命的实际意义有了比较清醒的认识，他在致蒋维乔的信中写道："此次革命，实专属民族问题，于政治上排去满洲亲贵之权力而已。清代汉官之流行病，本未曾动，望其一时焕然更新，谈何容易。唯乘此波动之机会，于各种官僚社会中，已挤入新分子，将来竞争之结果，必新胜而旧败。"可行的方法是在民族革命后进行社会改良，这是他辛亥之后选择的政治路径。闲居沪上，冷眼观察国内时局，他料想到政治上的纠纷方兴未艾,自己亦难有作为,不如仍往德国,继续深造。9月,他即携眷赴德,仍进莱比锡大学听课与研究。翌年3月,国民党领导人宋教仁在上海遇刺身亡。"宋案"调查结果显示,袁世凯及其党羽正是这一政治谋杀的指使人。孙中山力主与袁世凯决裂,遂招请海外同志归国。蔡元培接到陈英士催促其返沪的电报后,迅即与汪精卫经西伯利亚回国,于6月初返抵上海。此后的三个月,他经历了"二次革命"从酝酿、发动到失败的全过程。

到达上海当天,蔡元培便到爱文义路100号访孙中山和黄兴,筹商对策。孙中山主张兴师讨袁,黄兴则鉴于兵力不足,倾向通过法律解决争端。蔡元培的态度如何呢?6月8日他在国民党上海交通部的演说辞足以反映其主张,他说:"吾党革命,本为大多数人民谋幸福,今仍当体察大多数人民之心理。现多数人民不主极端进取……吾党只须以坚忍之决心,持稳健之步调,誓死缔造真正共和,则多数国民,必表同情,吾党自有战胜之一日。吾同志诸公,处此危疑艰险之日,唯有运静细之心思,蓄坚实之力量,采取舆情,以维持大局,则民国幸甚。"不难看出,蔡元培看重民意,强调稳健,不赞同军事冒险,希望从长计议。这一立场与孙中山明显不同,因此,当张謇、赵凤昌等约请他和汪精卫往谈,声称北京方面愿意与黄兴探讨妥协办法之时,他曾积极奔走于赵、黄之间，磋商条件，希望和平解决南北之争。当然，对于军事抗争，蔡元培也并非完全放弃。激烈主战的李烈钧欲赴南京劝说精锐之部第八师起事，因该师旅长曾是爱国学社成员，乃邀蔡同行，以便洽谈。蔡与之前往，无奈该部高级军官反应持重，只得废然而返。7月中旬湖口起兵"讨袁"之后，南京等地纷起响应，蔡再次赴宁，为已参加起兵的第八师起草反袁通电。"二次革命"进行期间，蔡元培与吴稚晖、张继等在上海编印《公论晚报》，并在《民立报》撰文，投身反袁斗争。他还与唐绍仪、汪精卫联名致电袁世凯，要求其"宣布辞职，以塞扰攘"。国民党在南方各省的军事行动不久即相继失败，孙中山、黄兴等人流亡海外，革命进入低谷。

9月，又是秋风乍起之时，蔡元培乘日本邮船"北野丸"的三等舱，离开上海，再次开始其旅欧生活。三年后，他回国出任北京大学校长，成就了一生中的事业辉煌。1923年他离开北大，又一次远走欧洲。

元 老 参 政

1926年2月蔡元培回到上海。初入国门，他便在沪上的沧州饭店接受《国闻周报》记者采访，就时局问题发表意见。关于教育，他明确表示，"今日学生界之浮嚣现象，余至不赞成"，一些学生的活动，是"由少数人操纵其间"，那种"强人以同，不惜出于恫吓无理之手段"，完全背离思想言论自由原则。关于共产主义，他说："共产主义，为余素所服膺者。盖生活平等、教育平等，实为最愉快、最太平之世界。然于如何达到此目的之手段，殊有研究、讨论之余地。以愚观之，克鲁泡特金所持之互助论，一方增进劳工之智识与地位，一方促进资本家之反省，双方互助，逐渐疏浚，以使资本家渐有觉悟，以入做工之途，则社会不致发生急剧之变化，受暴烈之损失，实为最好之方法。若夫马克思所持之阶级斗争论，求效过速，为害无穷。"他认为，俄国的共产主义试验，徒凭理想，已"遭遇失败"，中国"既有前车之失，又何必重蹈覆辙"。这是他回国之后第二天表明的个人见解，足以说明他这一时期对国内问题的观察和立场。

回国之后，蔡元培面临着重要的政治抉择。是北上入京，像北大师生所盼望的那样，仍旧充任北京政府的简任大学校长，还是"不合作"到底，为南方政府即将开始的军事北伐作政治上的策应？他选择了后者。这既有他个人作出的决断，也有明察时局的朋友们劝导的因素。此后一年间，他参与了苏皖浙三省联合会工作，以"联省自治"反对占据东南五省的军阀"联帅"孙传芳，配合北伐军的军事行动。并且，与褚辅成、陈仪等在杭州宣布浙江自治，进而筹组浙江省政府。此时，北伐军总司令蒋介石函请蔡元培为浙江政治会议委员及政务委员会委员等职，并请其在张静江返浙之前，代理政治会议主席职务。可以说，这是蔡元培以元老身份涉足国民党政权的开始，也是他与蒋介石建立直接政治联系的最初阶段。由于东南局势的反复，蔡元培与马叙伦等人为躲避孙传芳的通缉，曾于1927年初避走福州、厦门等地。随着2月中旬北伐军进入杭州，他便开始正式代行浙省政务。

北伐军进入长江流域以后，国民党内在对待共产党及其工农运动等问题上的分歧日益表面化。蒋介石在南昌自成中心，抗命武汉国民党中央。他在政治上的迅速"右转"，得到相当一些社会势力的支持。被称作国民党四位元老的蔡元培、吴稚晖、李石曾、张静江采取了一致拥蒋立场。蔡没有张、吴等人与蒋介石的那种渊源关系，此前他与党内这位"后起之秀"的接触也非常一般。蔡之所以有此倾向，除了江浙势力的连带影响之外，恐怕与对时局的共同认识不无关系。1927年4月间，蔡元培在上海与蒋介石频繁往来，成为这一时期该政治圈内的一个重要人物。蒋介石与"四老"及其他军政要员就"清党"和在南京建立政府连日密商，蔡与闻其间；国民党中央监察委员会的部分委员数次开会，以中央监察委员会名义讨论和通过由吴稚晖提出、拟就的弹劾共产党的文告，蔡则作为会议主席主持会议并提出"取消共产党人在国民党党籍"的动议；蒋氏国民政府在南京成立，蔡代表国民党中央党部授印，同时发表演说，痛诋武汉政府为俄国人操纵之"破坏政府"。此后，蔡元培在南京政府中一度出任要职，表面上看，这一时期成为他从政生涯的高峰。

国民党的"清党"，导致大批共产党人和进步青年惨遭屠戮，血雨腥风使知识界为之震惊。上海商务印书馆的青年编辑胡愈之目睹发生在宝山路的惨状，遂起草一份抗议书，经郑振铎、章锡琛、周予同、李石岑等同人签名，"交给国民党中央委员中的文化界著名人士蔡元培、李石曾、吴稚晖"。远在北方的周作人也在他主编的《语丝》上先后发表《怎么说才好》《功臣》等文，抨击"清党"中的残虐行径，进而指出："最奇怪的是智识阶级的吴稚晖忽然会大发其杀人狂，而也是智识阶级的蔡（元培）、胡（适）诸君身在上海，又视若无睹……"他认为，"南方之事全败于清党"，而"吴、蔡诸元老"难卸其责。当年曾是国民党"左派"的柳亚子在后来忆及这段经历时写道："蔡先生一生和平敦厚，蔼然使人如坐春风，但在民国十六年上半年，却动了一些火气,参加清党运动。一纸用中央监察委员会名义发布的通缉名单,真是洋洋大观,连我也受影响。"显然,蔡元培的参与"清党",使得"五四"以来的一些知识分子曾产生失望情绪。蔡元培参与"清党",有其思想上的根由,前述其归国之初的言论,可知他反对俄国式阶级斗争的政治倾向;同时,他站在维护国民党的立场上,对吴稚晖所提"共党谋叛情形"及"苏俄的企图"抱有同感,因而很自然地投入到这场所谓"护党救国"的运动之中。但他毕竟仍是"书生从政",在"清党"实施过程中,不赞成乱捕滥杀,希望将这种政治上的弹压纳入比较规范的"法治"程序。

从1927年"宁汉合流"到30年代中期这段时间,蔡元培在南京国民政府中的处境和作用比较微妙。他的政治取向似乎有较大幅度的摇摆,后人对他的认知也因立场视角的不同而存在不同"解说"。其实,蔡元培的活动重心仍在教育、科学和文化的行政管理方面,先是出任大学院院长,后又主持中央研究院。当然,60岁以后的蔡元培曾经一度代理(兼任)司法部长、监察院长等职,并以元老身份调停国民党内各派之间的矛盾冲突,尽力维护统一平衡的政治格局。随着他对蒋介石统治集团失望和不满的增加,他又开始与国民党内的左翼力量建立联系,在保障人权和推动抗日方面用力尤著。总之,这个时期蔡元培社会政治活动相对复杂，需要搜求更多的第一手资料加以梳理，力求作出合理的解说。

1928年8月，由于试行大学区制受挫，加之国民党内的派系倾轧，蔡元培提出辞去大学院长和代理司法部长等本兼各职。10月，他致函蒋介石、胡汉民和谭延闿，表示："此后，愿以中央监察委员之资格，尽力于党务；以政治会议委员之资格，尽力于政务；以中央研究院院长之资格，尽力于教育、学术。"不妨说，这是蔡元培遭遇事业上的重大挫折之后，为自己在南京政府中所选择和确定的基本位置，从后来的活动看，他大抵是依此行事的。

对于1928年8月17日蔡元培辞职一事，后来被一些史学家描述为关键性"转折"：蔡从此出都门而定居沪上，极少来南京，进而与最高当局"决裂"云云。这样的叙述与史实颇有出入，至少是将后事前移了。辞职以后，蔡元培仍来往沪宁之间，从事公务，其行踪载于当时"京沪各报报端"。1929年间，蔡元培的国务活动颇为频繁，他与蒋介石等高层人士的相互往来也时有所见。1930年以后，蔡元培到南京的次数逐渐减少，不过应该看到，上海始终是南京之外的另一个政治舞台，一些"党国大老"聚居于此，国民党及国民政府的一些幕后活动也常常在此酝酿生成，蔡元培作为国民党政治集团中的重要一员自然参与其间，其在宁在沪，不应成为判断其政治立场的主要标尺。

在蔡元培晚年"从政高峰"期间，他的一个重要使命，便是平息学潮、弥合党内派系纷争，实际上是一个救火者兼"和事佬"的角色。北京大学师生为反对北平大学区发生风潮，蔡责无旁贷地出面平息，并一度兼任北大校长，使北大安然度过"多事期"。交通大学出现校长危机，蔡亦暂时兼领，以求平稳过渡。国民政府的"首都大学"中央大学连续发生学潮，拒绝和殴伤校长，政府强令解散该大学，其后成立"中央大学整理委员会"，蔡再次救火，出任该委员会的委员长，亲到南京，与学校师生代表沟通，讨论学校经费和甄别学生事宜，尤其为合适的校长人选几经周折，终于为中央大学此后的发展奠定了一个稳固基础。

同时，对于国民党内层出不穷的派系之争，蔡以元老身份尽力排解，力求化干戈为玉帛，维系政治统一。此种努力在"九一八"事变后国难深重关头尤其具有特别的意义。1929年3月，蒋介石与桂系矛盾加剧，桂系主持的武汉政治分会擅自罢免唯蒋命是从的湖南省主席鲁涤平，酿成"湘案"。蒋请蔡等人"查办"此事。为了缓解宁汉冲突，蔡苦心孤诣，奔走调停，力避武力解决。然而这种种努力终归无效，蒋桂战事随即发生。两个月后，作为蒋桂战事的延长，粤桂战争又爆发在即，蔡急电李宗仁，劝其"即释兵柄，暂避海外"，以求"两粤得以息争"。1931年2月，蒋介石软禁胡汉民，致使宁粤分裂。"九一八"事变后，蔡出任艰巨，与张继、陈铭枢南下广东，谈判议和，促成"和平统一会议"在沪举行，实现了国难之际的"举党一致"，开启了"蒋汪合作"局面。蔡元培的上述政治活动，尽管是代表南京方面进行的，但他的行动主旨是避免分裂、消弭内战，谋求一个和平、建设的局面，实则其乃党内对峙的调停人，他的"超然"立场，一度引来蒋介石的极端不满。

不过，蔡元培也曾经历风险。1931年12月15日，北平各校南下示威学生与南京本地学生数百人在中央党部门前示威请援，一时间群情激奋。蔡元培与陈铭枢被委派出来接见学生，蔡未及数语，即被学生拖下殴打，陈则被学生用木棍猛击头部，当场昏厥。据报载，"蔡年事已高，右臂为学生所强执，推行半里，头部亦受击颇重"，后被解救送往医院，所幸无大碍。这就是后来被有些记者所渲染的"蔡元培遭绑架"事件。蔡事后对新闻界发表谈话说，他理解学生忧患国难的情绪，但对"学风沦替"也深感忧虑云云。此次"历险"对于蔡元培而言，似也不无某种吊诡意味。

国民党内的批评者

可是,一般的党政国务活动的"超然"姿态,并不意味着内心深处全无评判,更不等于对现存秩序的麻木和迁就。蔡元培本来即是一个是非心极强的知识分子,置身政治舞台,对于自己周围的"党内同志"也自有一番观察和评判,只不过此种"自由议论"不轻易向外人道及而已。实际上,这个时期,蔡元培与蒋介石的关系已经发生着变化。蒋的刚愎自用、专断独裁,与蔡格格不入;其滥杀青年,诛锄异己,尤为蔡所反感。南京国民政府成立以来,内争频仍,战事连年,建设乏力,推进"宪政"缓慢,蔡内心的失望亦不难想见。因此,当蒋介石第一次下野后谋求复职时,蔡并不积极助力;蒋介石、冯玉祥、阎锡山中原大战爆发之际,蔡致力于和平息争,曾有意促蒋去职。这些,无疑招致了蒋的不满乃至记恨。从1930年开始,邓演达、宋庆龄等左派人士逐渐与蔡元培建立了合作联系。他们之间至少在争取民主、捍卫人权方面有着相当的一致性,其活动显然带有反蒋的性质。

1931年发生"九一八"事变,东北大片国土沦丧,不久,"一二·八"事变爆发,日本侵略军在上海狂轰滥炸,形势危急。此刻，蔡元培忧心如焚，郁积胸中的不满终于在1932年2月初中央研究院的一次活动中倾泻出来。蔡元培在中央研究院纪念周作时局报告时，"先说明他前次留在南京维持危局的苦衷，后来又表示对国民党前途的悲观。他第一个指斥的是宋子文，他说当美国劝阻日军进占锦州时，日军暂按兵不动，那时宋子文便邀拉西曼氏纵酒狂欢，庆祝胜利，谁知不久，日军便进占锦州了。这些地方便表现出宋子文是怎样的幼稚，宋少不更事，固不足论。最可怪的要算所谓党国的领袖第一，胡展堂那位先生，在和会以前满口承认合作，对于既往概不追究，而在和会时，他便首先作梗，在和会以后，他又负气不到南京，自己在广州组织起三个委员会来。其次要讲到蒋介石，他的专横独裁，实为古今中外罕有，只要看他的政府，一切措施无不出自私心，财政部长辞职时，他可以将一切事务官完全引跑了，他们的薪水非但分文不欠，并且他们临走的时候，还每人发干薪两月，而其他各部人员的薪水都欠几个月，教育竟积欠几百万。蒋临走的时候，还请了三位军人做省政府主席，他的合作精神及和平诚意，已可见一斑。蔡个人表示时局艰难，政治尤一无办法，言下不胜唏嘘"。这段议论，可谓如鲠在喉，不吐不快，从其中涉及的对日外交内幕、宁粤和谈经过、蒋氏二次下野前的部署等细节来看，非局内之人难以道及。蔡氏在中央研究院内部发言中的此番抱怨，吐露了其内心的不满、无奈和担忧，与其后来同最高当局的离心倾向相对应，具有相当的可信度。同时，也可借以观察蔡氏充当救火者和"和事佬"表面活动的实际内心感受。

蔡元培晚年与蒋介石的关系可谓变化莫测，颇为微妙。从目前可以见到的零散资料推断，他们之间既合作又对立，其表现形式相当隐晦。蒋氏的军人作风和厉行集权的倾向与蔡元培固有的"自由"性情之间原本就存在抵牾，在具体事项上则不免各行其道，可是二人之间的政治合作多在高层进行，外间一般难窥堂奥。有些记述一味夸大蔡蒋对立，甚至将蔡元培视为反蒋斗士，多少有些牵强。蒋介石需要借助蔡元培在党内特有的声望和影响去疏通化解内部危机，譬如在处理与汪精卫的关系时便是如此，而蔡本人不管私下如何反感集权趋势和不满对日外交的软弱，至少在国民党内还是采取合作姿态，维持大局，始终不曾破裂。准确测度蔡蒋之间的关系，限于资料阙如等因素尚有困难，但观察蔡氏与其他军政领袖的离合，则略可窥知内中的基本情状。应当说，蔡元培本质上是一个自由主义者，他与知识分子群体合作共事颇得心应手，相互间尽可协商讨论，而一旦置身复杂的政治局面当中，需要统一思想意志时，他的真实性格便会显露出来，其不能适应的一面也就难以掩饰了。毋庸讳言，蔡元培具有无政府主义倾向，对于权威似乎存在一种本能的抗拒心理。他在政治气氛较为自由的环境下可以有所作为，而在权力相对集中甚至强调集权的情况下，反而无从施展其抱负。蔡元培实乃一位"有党籍"的自由主义者，此种角色与中国特定的政治规则不甚吻合，难免被排除于主流权力之外。蔡氏虽位列党国元老，但在多数情形下，只能充任政治配角，位高而难有切实的作为，也就不足为奇了。

随着"九一八"和"一二·八"两大事变相继发生，民族危机的阴影再次笼罩国人心头，蔡元培的政治活动也明显地超出党派的局限，主要着眼于国家民族的根本利益。1932年12月，他与宋庆龄、杨杏佛、黎照寰、林语堂等发起成立的中国民权保障同盟，即是由社会、文化等各界知名人士组成的一个民间性组织。该同盟宣言称："各先进国家皆有保障民权之世界组织，由爱因斯坦、觉雷塞、杜威、罗素及罗兰之流为之领导，此种组织之主要宗旨，在保障人类生命与社会进化所必需之思想自由与社会自由"。

1932年12月，中国民权保障同盟正式成立，宋庆龄为主席，蔡元培为副主席，杨杏佛为总干事。同日，蔡向中外记者发表"个人感想"说："我等所愿意保障的是人权。我等的对象就是人。即同是人，就有一种共同应受保障的普遍人权。"他提出保障民权，第一，无党派的成见，"决无专为一党一派的人效力,而不顾其他的";第二,无国家的界限;第三,对于已定罪或未定罪的人,亦无甚区别。他特别强调,"希望诸君,对于普遍人权的保障,能超越国家党派的关系,以下判断"。

中国民权保障同盟的实质性工作是营救被国民党当局拘捕的"政治犯",在其存在的半年时间里,先后营救了许德珩、侯外庐、罗登贤、廖承志、陈赓、丁玲、潘梓年等各方面人士。同时,调查监狱情形,要求改善狱中待遇,抗议军政当局杀害作家应修人和记者刘煜生的暴行,等等。蔡元培积极参与这些活动,发挥了重要作用。但是,客观地分析,他与宋庆龄等"左派"人士在从事民权保障的内在动机上还是存在某种差别。1933年2月,蔡元培在上海八仙桥青年会发表题为《保障民权》的演讲,提出保障民权是"国民党训政时期的需要",也是"国难时期的需要",况且,"各种事业,均感人才缺乏;若有为之才,偶因言论稍涉偏激,或辗转连带的嫌疑,而辄加逮捕,甚至处死,则益将感为事择人之困难,而无术以救国"。珍惜人才,为国家和民族保留元气,是他作为爱国教育家所秉持的一贯主旨,也是他参加民权保障同盟的基本动因,诚如鲁迅所说:"他同情革命者,也不过是为了民族而已。"6月18日,杨杏佛被刺身亡。这是对中国民权保障同盟的致命打击,它在蔡元培心里留下了深深的创伤。杨杏佛是他晚年事业上的主要助手，也是他从事政治活动所倚重的谋士和联络人，杨的遇难，表明国民党当权者在向蔡等人示警。此后，民权保障同盟终止了活动，蔡元培则仍以个人身份进行一些力所能及的保障民权的活动。

作为"党国元老"，蔡元培晚年的心境似乎有些悲戚，他平生追求的许多理想非但没有变为现实，国家和民族的现状也日非一日。1934年，辛亥革命二十三周年纪念日，他在青岛发表的演说流露了这种心绪。他说："辛亥革命，建立民国，本图实行三民主义，以造福于人民。乃二十三年来，人民生计，未能多大改良，不特水旱偏灾，频年不免；而工业不兴，外货倾销，农村有破产之虞，都市多失业之辈，是民生主义尚未能实现也。民权实行，以一省中各县能自治、一国中各省大多数能自治为条件，而今日，不特各省，即各县中能达到孙先生所举自治标准者，殆尚无一也。是民权主义亦未能实现也。至于民族主义，则不但次殖民地之资格未能提高，而'九一八'以来，连失东北四省，至今不敢言恢复。"忧愤之中，隐含着对于当权者的失望和不满。

蔡元培自谓，"性近于学术而不宜于政治"。大体说来，他乃学界中人，而非政治中人，虽然参政，然主要精力还是投入在教育、科学、文化方面，成为世所公认的学界领袖。

晚年的教育试验

南京国民政府的建立,全国形式上的政治统一,为国民党内热心教育改革和文化建设的有志之士提供了施展其抱负的现实可能。蔡元培即是这部分人的突出代表。多年来追求的"教育独立"构想终于获得了一次全面试行的机会,而系统发展中国科学事业的夙愿,显然也到了付诸实行的阶段。他的这一判断,促使他激奋地投身南京政府初期的一系列重要活动。蔡元培指望政治上的变动能够有助于教育文化上的革新。有人评论说:"蔡先生之进于庙堂,是为了实行他的主张。"

在南京政府成立不到两个月的时间里,蔡元培以中央教育行政委员会委员身份,先后领衔提出设立大学院和试行大学区的改革措施。早先成立于广东南方政府时期的中央教育行政委员会,只是一个临时机构,全国性政权创建后,按照政府体制,应当设立教育部。但是,蔡元培等人"筹议再三,以为近来官僚化之教育部,实有改革之必要"。于是,他们创设了大学院,作为管理全国学术及教育行政的最高机关。为何要以所谓大学院取代教育部呢?蔡元培的考虑是,民国建立后的"十余年来,教育部处于北京腐败空气之中,受其他各部之熏染，长部者又时有不知学术教育为何物，而专骛营私植党之人，声应气求，积渐腐化，遂使教育部名词与腐化官僚亦为密切之联想"，欲改官僚化为学术化，莫若改教育部为大学院。名称上的变动却有深意蕴含其中：北洋政府教育部留下的腐败形象必须予以清除，一个新兴政权推出革故鼎新举措亦在情理之中。大学院凸显学术化，反对官僚化，其内部设置的大学委员会，由学术权威组成，负责"议决全国学术教育上一切重要问题"，这使得大学院较之一般政府部门具有明显的自主性，透露出"教育独立"倾向。大学院全称"中华民国大学院"，而不称国民政府大学院，当时就有许多议论，甚至被指为欲独立于政府之外。蔡元培希望从体制上将教育交给教育家管理，减少非学术因素的干扰。

与创设大学院相并行的是试行大学区制。这一取自法国的教育行政制度，是将全国划分为若干个大学区，通常以省为单位，区内各级教育全部委诸作为教育学术中心的大学校负责，其校长综理大学区内全部教育行政。以大学区为教育行政单元，从而取代了各省、区的教育厅、局，从事教育的学者直接管理地方教育，排除官员干涉学界的弊端。蔡元培设想通过大学区内组建的评议会和研究院，突出"以学术化代替官僚化"的宗旨，从体制上改变"吾国年来大学教育之纷乱与一般教育之不振"的状况。仿行法国的大学区制，是蔡元培多年来执着追寻的一个梦想，在他看来，这样做不仅使"教育独立"能够实现，还将促进各省高等教育的发展，为学术和教育的振兴注入活力。

在触及从中央到地方的教育改革问题上，蔡元培与李石曾、吴稚晖，甚至张静江，均采取了一致的积极主动立场，从而使国民党的中央政治会议于1927年6月先后通过了他们提出的呈文和议案。同时，任命蔡元培为大学院院长，并决定首先在江苏、浙江两省试办大学区。同年10月，蔡元培在南京正式就任。他随即提出"使教育科学化、劳动化、艺术化"的主张，作为制定教育方针的基本内容。他具体解释说："一、提倡科学教育，一方面从事科学上高深之研究，一方面推广民众的科学训练，俾科学方法为国内一般社会所运用；二、养成全国人民劳动的习惯，使劳心者亦出其力以分工农之劳，而劳力者亦可减少工作时间，而得研求学识机会，人人皆须致力于生产事业，人人皆得领略优美的文化；三、提起全国人民对于艺术的兴趣，以养成高尚、纯洁、舍己为群之思想。"

在大学院，蔡元培力谋教育经费得到充分保障，他深知，经费支绌，再好的教育计划亦无法落实。为此，他曾设想筹备教育银行，划拨各项附税，充作基金，作为教育事业之用。12月，他与孙科联名提出《教育经费独立案》，拟请"通令全国财政机关，嗣后所有各省学校专款，及各种教育附税，暨一切教育收入，永远悉数拨归教育机关保管，实行教育会计独立制度，不准丝毫拖欠，亦不准擅自截留挪用……如此，则教育经费与军政经费完全划分，经济公开，金融巩固，全国教育永无废弛停顿之虞"。这项议案在国民政府第十六次会议上获得通过，但仅仅数月后，随着"财政统一"措施的推行，教育经费问题又陷入"有待讨论"的境地。

蔡元培主持大学院，为时仅仅十个月。这期间，大学院在南京举行了全国教育会议，与会的各方代表和专家八十余人，审议议案近四百件。会上，蔡元培重申了"教育科学化、劳动化、艺术化"的主张，强调此三项乃"今后亟须努力进行者"。大学院先后在上海和杭州创办了劳动大学、音乐院和西湖艺术院，这具体体现了蔡元培的教育主张。同时，大学院还通令全国：废止春秋祀孔旧典，在中小学校倡行语体文。在破除独尊孔子问题上，蔡元培确乎做到了前后一贯。大学院还设置特约著作员，聘请国内在学术上贡献突出而无职务收入者担任，听其自由著作，每月致送补助费。吴稚晖、李石曾、鲁迅、刘海粟等均曾受聘。

大学院创设之初，仅下设秘书处和教育行政处。蔡元培力主简化内部组织，提高办事效能。然而，随着实际工作的展开，这种状况反而有碍于高效率的管理，不得不先后两次修改大学院组织法。一方面扩充职能机构，实行对口管理，另一方面增设一名副院长，主持日常事务。如此一来，大学院的内部机构设置便颇近似以往的教育部，本来对大学院持怀疑态度的人，提出恢复教育部，以与国民政府其他各部相一致。教育界的一些人士亦对大学区制易于忽略普通教育提出反对意见，而实际工作中出现的混乱更增加了反对大学院和大学区制的声浪，尤其是在试行大学区制的中央大学区（江苏）内，问题和矛盾十分突出，在很大程度上非但未能实现教育行政的学术化，反而助长了官僚化的恶性蔓延，因而招致教育界的极大不满。蔡元培显然承受着很大的压力，他曾利用不同场合，说明"大学院本为一草创之新组织，无日不在试验之中"，而大学区制的试行更须逐步见效。但是，来自国民党内和教育界的反对意见颇为尖锐，蔡元培作为首倡者处于被动境地。1928年8月，国民党五中全会依据孙中山《建国大纲》确立了政治体制，其中包括在行政院设立教育部。这样，大学院的取消便只是个时间问题。就在此时，蔡元培和李石曾这两位积极倡行大学区制的教育界耆宿，在北平大学区问题上发生意见分歧，蔡的主张未被多数人采纳。在此情况下，他于8月17日提出辞去大学院长等本兼各职。10月，大学院恢复为教育部，一年之后，大学区制的试验亦以失败而告终。

其实，在民国初年的教育管理体系中，一直存在大学区这个概念和实际划分。袁世凯时期制定《教育纲要》，拟议将全国分为四个大学区，汤化龙出任教育总长后，改为六个大学区，民国七年范源濂任教育总长时，又增至七个大学区，如第一大学区为直、鲁、豫三省，分科大学设在北京。如此划分似是作为一种区域管理设想，尚未真正实施。不过，1922年6月胡适与北大同人讨论高等教育时曾提议："第一大学区（北京）国立各校合并。"可知，大学区的划分在教育界得到某种认可，同时也显示，1927年后试行大学区制并非毫无基础。

当然，大学区制的底本主要取自法国制，少量参用美国、德国制。据蔡元培在《教育独立议》中的设想："分全国为若干大学区，每区立一大学，凡中等以上各专门学校都可设在大学里面，一区以内的中小学校教育，与学校以外的社会教育，都由大学办理。大学事务，由大学教授所组织的教育委员会主持。大学校长，也由委员会选出。由各大学校长组成高等教育会议，办理各大学区间的事务。教育部，专办理高等教育会议所议决事务之有关系于中央政府者，及其他全国教育统计与报告等等，不得干涉各大学区事务。教育总长必经高等教育会议承认，不受政党内阁更迭影响。各区教育经费，从本区中抽税充用，较为贫乏的区，经高等教育会议议决后，得由中央政府拨国家税补助。"其核心是由教育家办教育，排除行政系统的干预，实现"教育独立"。

可是，大学区制一旦移植到中国的土地上，迅即成为"逾淮之橘"。试办的浙江大学区尚差强人意，而江苏大学区则风潮迭起，无日不在扰攘之中。人们批评大学区促使大学教育畸形发展，偏重学术而忽视教育，行政效率极低，且被少数人操纵，不仅不能使政治学术化，反而使教育官僚化。江苏大学区中等学校教职员联合会发表宣言称："盖以现社会实情言之，则学术之空气未浓，而官僚之积习方深。以学术机关与政治机关相混，遂使清高学府，反一变而为竞争逐鹿之场。"此种情况大大出乎蔡元培的意料，当李石曾执意试办更大的北平大学区时，他主张审慎行事，与李发生分歧。北平大学区引发更大的风潮，影响甚烈，国民政府于1929年夏宣布停办大学区，大学院随即也改为教育部，蔡、李的改制以失败结束。

胡适曾经预言"法国式之不易行于中国（蔡先生的主张是法国式的）"，结果被他言中了。后人分析其失败原因有：一、模仿失当，变更太骤；二、政治不稳，基础未固；三、留学派别之争，主要是留日派势力大，反对激烈；四、蔡元培与李石曾等发生裂痕,失去支持;五、"教育独立"与"党化教育"不符;六、经费不足。显然,蔡、李诸人未能细致考量大学区制在中国的可行性,未免凭想当然行事,预备不足;且选择试办区域缺乏策略,以致一地失败,全盘皆输。更为重要的是,此番"教育独立"试验是在中国政治由分权向权力重新整合的短暂过渡期内进行的,其自由化主旨与集权趋势格格不入,势难长久。具体说来,国民党推行"党化教育",要将教育纳入以党治国范围,如何能容许教育家完全自行其是?当然,此番试验也暴露出过分偏重大学教育而对基础教育重视不足的偏颇,反对大学区制最激烈的主要是中小学教职员。这一现象,在以往的研究中被忽略了,实则这是一股持论合理、数量众多的反对力量,完全以学界派别之争视之,未免模糊了问题的实质。

  蔡元培谈及大学院时曾提道:"当时国民政府方以全力应付军事,于对教育事业,尚无具体计划。"因此,蔡等一班元老提议试行大学区制时,未遇任何阻力。一年之后,军事行动大体结束,而改革试验则步履维艰,国民政府进入正轨运转,教育界"独往独来"局面随即终止。可见大学区制只是特殊时期的一次局部试验。

中央研究院的基业

离开大学院之后,蔡元培表示,"愿以余生,专研学术",从此,中央研究院成为其晚年主要的事业寄托。中央研究院是遵照孙中山的遗愿于1928年创办的,蔡元培负责筹备建院,并出任院长。该院最初归属大学院,后直接隶属国民政府。组建国家级科学研究机构,是孙中山和国民党早已确定的施政目标之一,必将在较短时间内集中全国科技精英,从事各学科的理论和应用性研究,加快推进近代化进程。中央研究院的建立,也在相当程度上促进了知识分子重新组合,中央研究院合文、理、工、医等学科门类于一体,其综合优势非其他机构可比。

中央研究院,作为"中华民国最高学术研究机关",其职责为"实行科学研究,并指导、联络、奖励全国研究事业"。按照蔡元培的说明,该院乃"综合先进国之中央研究院、国家学会,及全国研究会议各种意义而成……其组织分行政、研究、评议三部,而研究为其中坚"。到1929年初,中央研究院先后建立了物理、化学、地质、天文、气象、动植物、心理、工程、历史语言、社会科学十个研究所,分布于南京、上海、北京等地。担任这些研究所所长职务的,均为在各学科领域具有高深造诣的科学家和学者，诸如丁燮林、庄长恭、李四光、余青松、竺可桢、王家楫、汪敬熙、周仁、傅斯年、陶孟和等。据统计，1931年中央研究院的专职研究人员约为一百七十人，其中研究员五十人，助理研究员一百二十人。此外，兼职或特约研究员尚有四十九人。可以说，中央研究院的科研阵容达到了前所未有的规模，确实做到了极一时之选。许多知名学者都曾先后在这一研究机构任职，如翁文灏、涂长望、严济慈、胡刚复、吴有训、陈遵妫、伍献文、唐钺、赵元任、王小徐、陈垣、李济、王云五、陈寅恪、林语堂、周鲠生、杨端六、陈翰笙、吴定良等。中央研究院的总办事处设在南京，同时设有上海办事处，行政人员总计二十余人，全院行政事务由总干事负责。在蔡元培主持中央研究院期间，先后担任或代理总干事一职的有杨杏佛、丁燮林、丁文江、朱家骅、傅斯年和任鸿隽。其中，以杨杏佛、丁文江二人的成绩最为突出。

中央研究院的第一任总干事是杨杏佛，在民国元年南京临时政府时期曾担任临时大总统孙中山的秘书，此后，被稽勋局派往美国公费留学，先后在康奈尔大学和哈佛大学攻读机械以及工商经济专业，恰与胡适等人同学，曾与任鸿隽等共同发起成立中国科学社。杨乃学工商管理出身，不仅学理清晰，还具有极强的办事能力，胡适等人自愧不如。不过，杨杏佛具有国民党的政治背景和人际关系，他返国后在南方的学校教书，北伐开始前后其政治活动明显加强，随即进入国民党政权机关。大学院成立后，他担任教育行政处处长，随后出任副院长，是蔡元培的得力助手。蔡元培自述："我在大学院的时候，请杨君杏佛相助。我素来宽容而迂缓，杨君精悍而机警，正可以他之长补我之短。"该院草创之时，百事待举，杨杏佛协助蔡元培筹划落实，充分展现了他处事干练的管理才能。杨氏办事干练，遇事敢于决断，但也不免有些武断，以致引起组织机构内部的龃龉和矛盾，有时蔡元培不得不出面承担责任，为之圆场。大学院为教育部所取代，杨杏佛跟随蔡元培致力于中央研究院的筹建和完善工作，在很多情况下，杨几乎成为中央研究院的常务主持人。1933年初，蔡元培与上海的一批知名知识分子加入中国民权保障同盟，在此过程中，杨杏佛应是关键人物。杨杏佛遇刺后，蔡元培顿失股肱，颇为悲愤。随后聘请丁文江担任中央研究院总干事。

丁文江是中国近代地质学的主要开拓者之一，同时在古生物学、人类学和军事历史等方面有所建树。蔡元培任北大校长期间，丁文江可谓北方教育界一个活跃分子，亦是北大地质系的骨干教授，蔡对于丁的了解正是彼此供职于北大的这段时期。丁文江在民国知识界是颇具特点的人物，他早年先后留学日本、英国等国家，既接受了人文教育的熏陶，又深入自然科学领域，受到西方近代科学的训练，逐渐成为一个较为全面的有思想、有主张，也有能力、有技能的知识精英。同时，他还多少带有传统士大夫的社会责任感和道义心，故而被胡适称为他们一群人（欧美派）中可"出将入相"的人物。他既是官方性质的地质调查所所长，又兼任北大地质学教授，后来暂时脱离学界，出任北票煤矿总经理，不久又当上"五省联帅"孙传芳辖区的淞沪商埠督办（相当于上海市市长）之职，显示出很强的管理能力和决策魄力。正因当过督办之职，当国民党控制政权后，丁文江一度受到通缉，不得不避居大连，一时间也是风声鹤唳，颇为紧张。好在南京国民政府并未十分纠缠"历史问题"，加之丁文江确为有学问、有专长的学者，此后仍然活跃于教育文化领域。中央研究院总干事一职选定丁文江，当时在知识界颇受欢迎。

丁文江在蔡元培的全力支持下，组织评议会，成立基金保管委员会，制定各研究所预算标准，为该院日后的发展做了重要的基础性工作，尤其是组建评议会，意义甚大。由于种种复杂的关系，中央研究院创立之后，拟议中的评议会迟迟难以组成，延宕七八年之久。丁文江到院后，广泛与各方协商，拟订条例，在不长的时间内即组织起全面代表国内各类研究机构和高等学校的评议会，使之成为全国学术机关的联席会议，十分有利于学术联络和合作，也大大拓展了中央研究院的工作范围，增强了其权威性。与此同时，丁文江还针对院内的实际情况，提议将研究工作分为三类：一、属常规或永久性质的研究，如天文、气象、地质等；二、利用科学方法研究本国的原料及生产以解决各种实业问题；三、纯粹科学研究及与文化有关的历史、语言、人种和考古学。这种分类使科研工作层次清晰，易于管理，并具有广泛的适应性。蔡元培对丁文江的工作给予高度评价，称其"为本院定百年大计"，值得"特笔大书"。

那么，在精英荟萃、群龙聚首的中央研究院，蔡元培如何实施领导以发挥其各自的特长呢？翁文灏记述道："蔡先生主持中央研究院的主要办法，是挑选纯正有为的学者做各研究所的所长，用有科学知识并有领导能力的人做总干事，延聘科学人才，推进研究工作。他自身则因德望素孚，人心悦服，天然成为全院的中心。不过他只总持大体不务琐屑干涉，所以总干事、各所长以及干部人员，均能行其应有职权，发挥所长。对于学术研究，蔡先生更充分尊重各学者的意见，使其自行发扬，以寻求真理。因此种种，所以中央研究院虽然经费并不甚多，却能于短时期内，得到若干引起世界学者注目的成绩。"

蔡元培领导中央研究院，奉行的是尊重人才和学术自由，以及理论性科研与应用性科研相互兼顾的办院方针。倡导科学研究的自由精神，实行西方通行的"学院的自由"，即在保证重点研究项目的同时，充分尊重研究者在合理范围内凭自己的兴趣与见解选择和决定研究方向、研究项目，而不受他人的限制。因为"学院自由，正是学术进步之基础"。蔡元培主持制订的《中央研究院进行工作大纲》中强调："纯粹科学研究之结果，因多为应用科学之基础，而应用科学之致力亦每为纯粹科学提示问题，兼供给工具之方便。故此，二事必兼顾然后兼得，若偏废或竟成遍废。"这就为在中国开展有组织的系统学术研究确立了正确的指导原则。

然而，在当时的社会历史条件下，组织和进行具有一定规模的科学研究工作面临重重困难。即以经费来说，便使蔡元培焦思苦虑，举步维艰。1929年7月，中央研究院正式创建已经一年，但"并未领有建筑费及设备费。各研究所及图书馆、博物馆筹备处，均于每月经费中提出大部分，以供设备之需"。草创阶段的这个"全国最高学术研究机关"，只能就现有经费"截长补短，逐渐布置"。国民政府规定，每月由财政部门拨付十万元，作为中央研究院经常费用，但实际上由于连年内战，耗费巨资，经费拖欠严重。1930年10月，蔡元培在院务报告中抱怨道："本院经费经常支绌。

以经费数目而论，用之办理一、二研究所，尚嫌不足，现本院已成立之研究所、处、馆等计有十一处之多，虽平时尽量从事节省，而欲求计划之实现，颇感困难。"这种状况，显然大大限制了中央研究院工作的全面展开。蔡元培以"非求速成，而常精进"之语恳切勉励院中同人在艰难时世中创造一番业绩。同时，他利用自己在国民党内的影响，尽力为研究院创造一个适宜的生存发展环境。

从20年代末到30年代中期，中央研究院逐渐完善，在数年内形成了一定的学术规模，并在天文、气象、地质和考古发掘领域取得可观成绩。其中，南京紫金山天文台的建立，全国范围内地层结构和矿物资源的调查，以及河南安阳小屯殷墟遗址的发掘，都具有十分重要的意义。比之具体的研究成果更为重要的是，蔡元培主持的中央研究院，为中国形成独立的科学研究体系初步奠定了根基，相当一批科学技术研究人才得以组织起来，从事专业性学术工作，发挥其特长，这便造就了一个对于科技落后的中国来说弥足珍贵的科技人员群体。五四运动中大力提倡的"赛先生"（科学）终于在这个东方古国有了安身立命的固定场地。自19世纪末叶以来，中国人一味译介转述西方科学成果的状况，到中央研究院独自进行科学研究工作时，方告结束。不论中央研究院曾怎样受到时局因素的影响和制约，它的成立及其工作，都是中国"五四"以来新文化建设的一件大事,其在中国学术发展史上所具有的转折性意义以及对国人知识价值的更新作用均是不可低估的。如果说,蔡元培改革北京大学,开创了"学术至上"、自由竞争的一代风气,那么,他所主持的中央研究院则为学术科学化进程打通了道路。

在领导中央研究院的同时,蔡元培还兼任了与学术文化有关的许多或属名誉或系实质的职务。1929年始,他被选为中华教育文化基金董事会的董事长,主持管理和支用美国退还的庚子赔款。运用这笔款项,他着力扶持科学研究事业和各项文化教育设施,并资助了有志于科学技术的莘莘学子。他还分别兼任国立北平图书馆馆长、故宫博物院理事长、全国国语教育促进会会长等职。众多的学术教育文化方面的兼职,说明了蔡元培在中国学界所受到的高度尊敬和推崇。1935年秋天,蒋梦麟、胡适、丁燮林、王星拱、赵太侔、罗家伦等人,提议集资为蔡元培营造一处住宅,作为庆祝他七十寿辰的献礼。此举立即得到数百人的热烈响应。建屋计划虽因中日战事而流产,但人们心中已筑成的"公共纪念坊",将会铭记这位近代中国学术建设的先驱者所立下的开拓之功。

1937年抗日战争爆发后,蔡元培于11月底由中央研究院的丁燮林等人陪同来到香港养病,此后两年间他化名周子余隐居港九。其间,他通过演讲、作诗、谈话等方式,鼓励国人奋起抗日,坚信终有"与友邦共奏凯旋歌"之日。他也曾希望转往昆明等大后方,与众人一同坚守战争条件下的科学文化事业。1940年3月5日,蔡元培因胃出血医治无效,溘然长逝,享年74岁,他的遗体后被安葬于香港仔华人公墓。

战时环境下的哀悼活动持续数月之久,重庆、延安等地举行了追悼仪式,各方人士的追念辞章其后辑成《哀挽录》,其中一挽联云:打开思想牢狱,解放千年知识囚徒,主将美育承宗教;推转时代巨轮,成功一世人民哲匠,却尊自由为学风。

第 3 章

人生辉煌：北京大学校长

初 到 北 大

纵观蔡元培一生，1917年至1923年间担任国立北京大学校长的这段经历，可谓其生命历程中最为辉煌璀璨的一个阶段，甚至不妨说，近世以来蔡元培之得以名世，主要缘于他在北大校长任内一番影响深远的作为。

1916年初冬时节，蔡元培回到上海。"二次革命"后流居海外的一班同志已经陆续归来，多数友人对他就职北京大学之事不甚赞同，认为北大腐败，颓风难挽，整顿不成，徒毁名誉。但有的朋友却主张不妨前往一试，即令失败，亦已尽力。后者的意见颇合蔡元培心愿，他遂于12月下旬北上进京。抵京之后，他与范源濂、沈步洲等商讨数次，觉得"北京大学虽声名狼藉，然改良之策，亦未尝不可一试，故允为担任"。

12月26日，大总统黎元洪正式任命蔡元培为北京大学校长，翌年1月4日，蔡到校视事。在其后不久写给尚在国外朋友的信中，他剖白心迹："在弟观察，吾人苟切实从教育入手，未尝不可使吾国转危为安。而在国外所经营之教育，又似不及在国内之切实。"这位笃信"教育救国"理想的教育家主观上认定，担任大学校长是办教育，而非做官。故而，到京之初，他在接受"各政团招待时，竟老实揭出不涉政界之决心"。显然，他企望通过整顿教育达到改良社会的目的，而避免直接卷入政治，陷入纷扰。可以说，这至少是蔡元培出任北京大学校长之初所抱定的一个主旨。

创立已经将近二十年的北京大学，对蔡元培来说，并不生疏。戊戌年间，作为变法新政之一的京师大学堂创办之时，他正在翰林院任职，其好友张元济即曾受命出任大学堂总办一职。八年之后，蔡担任大学堂所属译学馆的国文教习，并兼授西洋史，任教虽仅数月，却颇得学生们的推重。又过了六年，他主政教育部，改定大学名称，推荐校长人选（严复），变革学科设置，还亲临校内发表演说，倡明"大学为研究高尚学问之地"。他与先后主持该校的吴汝纶、马相伯等人亦均有交往。应当说，对于这所全国最高学府的兴废利弊，蔡元培大体上了然于心。

客观地讲，产生于清末"中西并用"时代的京师大学堂暨北京大学，经过张百熙、严复等主持人的努力，已经具备了一定的教学规模，尤其是进入民国之后，学生数量稳步增加，教学内容逐渐改进，呈现缓慢发展的势头。但是，与欧美近代大学相比，其校内体制、师生素质及学术风气等还存在相当一段距离。科举积习的流弊，晚清末世的颓风，深深浸染了这所处在帝都的学府。开办之初，学生均系京官，入学雇用差人，上课起居例称"老爷"，真心求学者寥若晨星，热衷功名利禄者趋之若鹜。名为学府，实与官衙无异。虽历经嬗变，官僚政治的遗风终究难以革除。辛亥以后，学生视法科为升官发财的终南捷径，蜂拥报考，而理工等科则备受冷落。学风不正必然校纪松弛，一些师生甚而涉足风月场中，致使学校清名大受玷污。北大之腐败，深为一般社会所菲薄。蔡元培认为，北京大学"之所以不满人意者，一在学课之凌杂，二在风纪之败坏"。欲救其弊，关键是将大学改造为"纯粹研究学术之机关"。

蔡元培作为校长，来到北大第一天，校役们照例排列校门两旁深深行礼，以示欢迎。这位新任校长摘下礼帽，鞠躬还礼。向来不受重视的校役们对这一举动惊诧不已，不禁感到：这位平等待人的蔡校长与以往的校长大人似乎很有些不同。1917年1月9日，蔡元培在校内发表就职演说，他向全校一千余名学生提出三项要求："一、抱定宗旨，二、砥砺德行，三、敬爱师友。"其中，他突出强调：大学乃研究高深学问之地，诸君须抱定宗旨，为求学而来；大学学生，当以研究学术为天职，不应以大学为升官发财之阶梯。这番讲话，将学术提到一个前所未有的高度，与他民国元年在此所作演说的精神实质完全相同。可是，在有的学生看来，这不过是校长训诫学生的泛泛之谈而已，并没有引起足够的重视。随后，蔡发布通告："以后学生对校长应用公函，不得再用呈文。"原来，学生有事与学校当局接洽，须写呈文，待校长批复之后，公诸告示牌上。革除这一近乎官衙的形式，使学生们隐约感到某种清新气象。1月中旬，主编《新青年》杂志、宣扬"德先生"与"赛先生"的陈独秀应蔡校长之邀来北大出任文科学长。这一人事安排，使敏感的人们开始领悟到新校长整顿大学的决心和魄力。

不拘一格揽人才

办好一所大学，最重要的莫过于聘任有真才实学的高水平教师，以满足青年学生的求知欲望，进而诱发其研究学术的兴趣，这是培养良好校风、提高教学质量的不二法门。蔡元培深悉此理，以极大的精力从各个方面"广延积学而热心的教员"。他所聘任的教师，既有旧学根底深厚的老派学者，也有刚刚学成归国、出道未久的青年新锐；既有科举时代获得功名学衔者，亦有欧美近代大学毕业的硕士博士，甚至还有并无正规学历而自学有成的特殊人才；既有政治上倾向民主共和的思想精英，也有参与复辟，被视为"民国罪人"的国学名宿。特别值得关注的是，这些学者应聘进入北大之时，真正享有盛名者，寥寥可数，许多尚是无籍籍之名的学界新秀，他们日后在北大这方学术沃土成名成家，固然依凭个人实力和北大的特殊氛围，也得益于蔡元培校长超凡的眼光识力和兼容并包、不拘一格延揽人才的心胸气魄。

进京伊始，他便采纳汤尔和、沈尹默二人的提议，决定聘任倡导新文化运动的陈独秀为文科学长，以接替业已辞职的原文科学长夏锡祺。其时，陈独秀因事来京，客居前门附近旅舍。蔡往访数次，以诚相邀，并劝其将《新青年》杂志迁京续办，陈欣然应允，并向蔡推荐《新青年》投稿人、时在美国留学的胡适，蔡翻阅有关文稿后，嘱其促胡早日来校任教。

几乎与此同时，刚刚二十三四岁的自学青年梁漱溟通过范源濂介绍，慕名访谒蔡元培，并出示所撰《究元决疑论》

一文请求指教。蔡从《东方杂志》上已读过此文，对作者的佛学造诣印象颇深。此刻，他便邀梁到北大开设印度哲学课程，梁大感意外，极力辞却。此后，蔡与陈独秀约梁商谈，多方劝导，梁终于同意任教，到1917年冬，这位并无大学学历的自学青年便以讲师身份走上了北大的讲堂。

同年4月初，经许寿裳和鲁迅的推荐，曾任绍兴教育会会长的周作人应聘来到北大，由于时逢学期中间，不宜开设新课，蔡元培先安排他在附设于大学的国史编纂处任职，到秋季新学期开始，便聘其为文科教授，讲授"欧洲文学史"等课程。7月间，曾经继严复之后被任命为北大校长而未到任的章士钊，应聘为文科教授，讲授逻辑学，并兼任学校图书馆主任。这期间，蔡元培还曾分别函请吴稚晖和汪精卫，希望他们来学校担任学监或教学工作，但均无结果，只有李石曾"惠然肯来"，出任生物学教授。

8月，因发表《文学改良刍议》而"爆得大名"的胡适学成归来应聘为文科教授，年仅26岁。9月以后，曾在北大代课的钱玄同和《新青年》撰稿人刘半农，相继应聘出任文科教授。11月，经章士钊提议，李大钊进入北大担任了原由自己兼任的图书馆主任之职。这一年，蔡元培还聘请了因列名筹安会而潦倒于天津的国学大师刘师培为文科教授，主讲中国中古文学史。

新聘教师的同时，蔡元培对北大原有教师进行甄别，视其学术造诣的深浅，分别予以留聘或解聘。精通多种外语，擅长英国文学的辜鸿铭，尽管思想守旧，行为怪诞，仍留任教授之职。章太炎的大弟子黄侃，素来恃才傲物，狂放不羁，因其国学根底深厚，成果斐然，亦被留聘。此外，被留聘的知名学者还有陈黻宸、陈汉章、康宝忠、沈尹默、马叙伦、沈兼士、马裕藻、朱希祖等。对于那些学业荒疏、滥竽充数的教师，蔡元培依照合同解除聘约，即使颇有些背景和来历的外国教师亦不例外。几位被裁汰的英、法籍教师扬言要与蔡诉诸法庭，此事甚至惊动了外交当局，北京政府外交总长亲自过问，英国公使竟然造访蔡元培，始而劝诱，继而威胁。然而，这些压力，都被蔡元培学术至上的凛然正气一一驳了回去。至于个别道德沦丧、毒化校风的学林败类，他则坚决予以除名，摈之于校园之外。

由于文科自北大创办以来即居于主干地位，故而蔡元培投入较大精力首先整顿和充实这一传统领域，而对学术规模相对薄弱的理科似乎有些无暇顾及。这一状况，曾引起留美学界的疑惑乃至不满。任鸿隽、朱经农曾先后致函胡适，认为，北大"尽管收罗文学、哲学的人才，那科学方面（*物理、化学、生物等等*）却不见有扩充的影响，难道大学的宗旨，还是有了精细的玄谈和火茶的文学就算了事了吗？"甚至批评说："大学专重文科，把理工科看得无关紧要，这种见界太偏浅了。"留美学界的尖锐意见，自然有其道理。然而，公平地讲，蔡元培在理念上极为尊崇科学价值，平生倡导科学不遗余力。他主持北大，受到多方面的客观制约，科学落后的现实即其一，企望各个领域齐头并进，同时获取显著硕果，近乎有些苛求。这一时期北大的理科，在夏元瑮等原有教员的基础上，陆续从欧美毕业留学生中招聘了李四光、丁燮林、王抚五、颜任光、李书华、何杰、翁文灏、朱家骅等一批杰出学者，随着他们的来校任教，西方近代自然科学开始比较系统地输入我国文化教育领域，逐渐形成一种新知识体系。此外，法科教学也改变了先前主要由政府官员兼课的状况，马寅初、陶孟和、陈启修、周鲠生、王世杰等专业学者相继应聘而来，法律、经济及社会科学等学科逐渐独立和完善。

总之，蔡元培选聘教师，只有一个标准，那就是学术造诣，在这个神圣的标准之外，不曾有第二个标准。因此，国内各方面的名流硕学以及后起之秀逐步汇集于北京大学，很快便形成了崇尚学术的良好氛围，从而大大激发起青年学生的求知兴趣，衰颓的学风骤然为之改观。

在蔡元培主持北大的第一年，便出版了《北京大学日刊》，除发布校内各种规章、消息之外，还刊登师生们对于改进教学和管理工作的建议，并发表学术论文，引起论辩，活跃校内空气。鉴于北大学生彼此关系松弛、自由散漫成风的情况，蔡元培召集学生骨干，敦劝他们分别发起组织各类学会，广泛吸引学生参与，学校则在经费、设施等方面予以鼓励和赞助。随后，诸如画法研究会、新闻研究会、书法研究社、体育会、哲学研究会、数理学会、化学研究会、音乐会、技击会等各类学术团体相继成立，学生根据兴趣爱好，自由参加，充分表现，健康的追求逐渐取代了低级趣味。以新闻研究会为例，蔡元培兼任会长，他以自己的办报体验和对新闻事业的独特见解，数次发表演说，从学理上阐发新闻与史学的异同。北大最年轻的教授徐宝璜为副会长，宣讲新闻理论及采编业务。该会还邀请著名报人、《京报》社长邵飘萍来校讲解捕捉各类新闻的经验和技巧。凡此种种，使得教师与学生、知识与趣味融为一体，校园生活变得多姿多彩，丰富而充实。

1917年底，蔡元培与其他国立高等学校校长陈宝泉、汤尔和、金邦正、王家驹、张谨、洪镕等倡议组织"学术讲演会"，"以传布科学，引起研究兴趣为宗旨"。他们刊登启事称："我国近年所以士风日敝、民俗日偷者，其原因固甚复杂，而学术消沉，实为其重要之一因。教者以沿袭塞责，而不求新知；学者以资格为的，而不重心得。在教育界已奄奄无气如此，又安望其影响及于一般社会乎！同人有鉴于此，特仿外国平民大学之例，发起此会，请国立高等学校各教员，以其专门研究之学术，分期讲演，冀以唤起国人研究学术之兴趣，而力求进步。"该讲演会自1918年2月以后每星期日上午举行活动，其办事处即设在北京大学校内。

蔡元培深知，大学教师要革除年年抄发旧讲义的陋习，而不断提高授课水平，就必须在教学之外从事必要的学术研究。到校一年之内，他便要求各学科成立相应的研究所，由专业教师和高年级学生共同研讨学术问题。最先创办并坚持开展活动的是国学研究所，其中的小说科由胡适、刘半农、周作人及两名学生组成。他们定期举行学术讨论，根据研究心得分别作了《论短篇小说》《中国之下等小说》《日本近代小说的发展》等专题报告，既浓厚了学术风气，也促进了各人研究问题的深度。当然，北大各学科研究机关的建立需要一个逐渐发展的过程，但蔡元培力主创办研究所的主张，使得素以完成教学为满足的中国大学增加了科学研究的成分，在一定程度上也改变了文化教育界固守已有知识不求进取的积习。

为使学者们的研究成果转化为社会文化，蔡元培与张元济商议，由商务印书馆印行"北京大学丛书"，分批出版北大教师的学术著作。1918年7月，张元济访问北京大学，与蔡元培、陈独秀、夏元瑮及各科教授座谈，商议丛书出版的具体事宜。两个月后，陈大齐的《心理学大纲》、陈映璜的《人类学》、周作人的《欧洲文学史》作为第一批北大丛书正式出版。对于某些立意新颖、方法独特的开创性学术专著，蔡元培极为欣赏，热情推荐，曾先后为胡适《中国古代哲学史大纲》、徐宝璜《新闻学大意》、黄右昌《罗马法》等书撰序，扶助青年学者迅速成长。1918年秋，蔡元培又提议创办《北京大学月刊》，作为师生发表学术论文的专刊，并为之撰写发刊词，系统阐发学术自由的宗旨，该刊成为我国最早的大学学报。

蔡元培这一系列举措，对于"振兴学术"产生了极大作用，史家吕思勉后来评述道："北京大学的几种杂志一出，若干种的书籍一经印行，而全国的风气，为之幡然一变。从此以后，研究学术的人，才渐有开口的余地。专门的、高深的研究，才不为众所讥评，而反为其所称道。后生小子，也知道专讲肤浅的记诵，混饭吃的技术，不足以语于学术，而慨然有志于上进了。这真是孑民先生不朽的功绩。"

净化风气，变更学制

整饬北京大学的风纪，改变最高学府在社会上的腐败形象,是蔡元培出任校长之初即已确定的目标。当校内的学术风气开始初步确立之时,他便着手正面触及这个"难题"。1918年1月19日《北京大学日刊》发表了校长撰写的《进德会旨趣书》,随之,校方向师生们散发了参加该会的志愿书,一股"进德"之风迅即吹拂于校园之中。作为一个清正自守的知识分子,蔡元培对弥漫于清末民初社会的污浊风习十分反感,民国元年他列名发起"六不会"及"社会改良会",希望矫正世风,但实效甚微。袁世凯当政时期,收买议员,鼓动帝制,挥霍公款,投机钻营,世风日下,谬种流传。蔡元培从法国归来,目睹江浙一带在教育、实业各界崭露头角者无不以嫖赌相应酬,内心倍觉伤感。及至北京,方知此风尤甚,官僚阶层姑且不论,堂堂最高学府内竟存在什么"探艳团""某公寓之赌窟"之类名目,一些师生打牌听戏捧坤角,致使学校成为"浮艳剧评花丛趣事之策源地"。尤其使他感到不可思议的是,"往昔昏浊之世,必有一部分之清流,与敝俗奋斗……而今则众浊独清之士,亦且踽踽独行,不敢集同志以矫末俗,洵千古未有之现象"。为此,他曾在南洋公学同学会和译学馆校友会等小范围内提议实行禁止嫖、赌、娶妾的"三不主义"。此刻,他确信,将进德会的主张行之于北大,乃"应时势之要求,而不能不从事矣"。

北大进德会的戒规类同于民国元年"六不会"的基本

内容，但会员分甲、乙、丙三种，视遵守条件的多少而定。1918年5月底，进德会正式成立，教职员及学生入会者近五百人，约占全校总人数的四分之一。经过通讯选举，蔡元培为会长，李大钊等三十余人为纠察员。陈独秀、夏元瑮、胡适、温宗禹、马寅初、傅斯年、罗家伦、张申府等知名教授和学生骨干均为会员。其实，北京大学的腐败，不过是社会恶浊风气的一个缩影，蔡元培力矫时弊，执着地开辟一块"净土"，其精神和境界，委实令人赞佩。进德会的一纸规范尽管不可能约束所有会员的行为，然而它在改变观念、扭转校风方面还是起到了应有的作用。

尽快使北京大学接近和赶上欧美近代大学的水平，乃是热衷高等教育的蔡元培奋力追求的大目标。为此，他对北大的教学体制和行政管理进行了一系列改革。这些改革的基本思路大体仿行德国的大学观念和体制，在某些方面也参照了美国大学的现行做法，其中心主旨，是学术至上和教授治校。蔡元培始终认为，大学是研究高深学问之地，应当偏重于学理。因而，他特别重视文、理两科，以此作为其他应用性学科的根本。还在1912年，他起草的《大学令》中即明确规定："设法、商等学科而不设文科者，不得为大学；设医、工、农等科而不设理科者，亦不得为大学。"主持北大以后，他进而主张，大学只需设文、理两科，其他偏于

"术"的应用学科可仿德国之制，另设专科性高等学校，其修业年限及毕业资格与大学相同。循此，他将北大原有的工科归并到天津北洋大学，以办工科的经费充实理科；取消商科，改为商业学门，归入法科。他原设想将法科分离出去，另建独立的专科学校，由于遭到多方反对，未能实行。鉴于预科自行其是，课程与本科不相衔接，遂将预科分别归属各本科，统一管理，以求一致。经过调整，北大以原有的经费，集中扩充文、理等科，使基础理论的教学和研究得到突出和加强。

其后，蔡元培又取消文、理界限，试行两科沟通式教学；并采纳留美教师的建议，以学分制取代年级制，促进教学质量的提高。在行政管理方面，蔡元培一改往昔校长独揽校政的传统，全面推行教授治校的体制：首先，成立由校长、各科学长及教授代表组成的校评议会，作为全校的最高决策机构，统领校政，评议员任期一年，由教授选举产生；随后，建立各学科（即学系）教授会，负责规划和组织各科教学活动，教授会主任亦经教授们选举产生，任期两年；后来又设立了教务长、总务长等职，均由教授出任。教授治校的实质，是校长将权力下放，交由教学及学术活动的主干人员自行管理，切实按照教学规律兴学办校。这一体制变革，在"五四"前后的北大产生了明显的积极作用，清末以来历久不衰的官衙习气得到了相当程度的抑制和克服，一个合乎近代大学规范的新型学校渐渐出现在世人面前。

兼 容 并 包

正经历着深刻变化的北京大学，可以说是一个学派林立、任情抒发的"自由王国"。

《新青年》杂志离沪北迁不久，就成为事实上的北大同人刊物，其创办人陈独秀既没有开设课程，也没有单纯投入文科学长的公务，其活动重心仍是通过《新青年》激扬文字，推动新文化运动不断升温。在他身边聚拢而来的是一批同他一样崇尚科学和民主的激进学人，如胡适、陶孟和、钱玄同、刘半农、高一涵、李大钊、周树人、周作人、沈尹默等。他们提倡白话文，创作自由体新诗，传扬西方最新学说，力主个性解放；同时，抨击封建礼教，批判孔孟传统，痛诋"选学妖孽、桐城谬种"，甚至提议废除汉字……这些新派人物在知识界涌动起巨大波澜，形成辛亥革命以后意识形态领域除旧布新的强劲激流。

青年学生为老师们的大胆言论所鼓舞，起而效仿。傅斯年、罗家伦、徐彦之等人发起成立新潮社，创编《新潮》月刊，"专以介绍西洋近代思潮，批评中国现代学术上、社会上各问题为职司"。杨振声、俞平伯、汪敬熙、成舍我、康白情、顾颉刚、毛子水、谭平山等一批有才华的学生参与其间,他们以评论、诗歌、小说等形式,与《新青年》密切配合,颇有"青胜于蓝"之势。

视中华文化为最高价值的刘师培、黄侃、陈汉章、林损等国学教员,对《新青年》一派的激越高论大为不满,"慨然于国学沦夷",他们商议续编清末民初曾经风行一时的《国粹学报》和《国粹丛编》,作为护卫古学的阵地。后来终于面世的《国故》月刊,"以昌明中国固有之学术为宗旨",也确乎吸引了一些热心国学的教师和学生。那个曾宣称"进北大,除了替释迦、孔子发挥外,不做旁的事"的梁漱溟,对校内盛行新思潮,以致"谈到孔子羞涩不能出口"的气氛颇为抵触,同时,对于《国故》只"堆积一些陈旧古董"的做法亦有所保留,他独自在《北京大学日刊》上刊登启事,公开征求研究东方学的同道,并组成孔子哲学研究会,系统研讲儒家学说,与新派人物的批孔反其道而行之。

在激进与保守的两派之间,持调和观点的也大有人在。由易家钺、许德珩、黄日葵、段锡朋等北大学生组成的《国民》杂志社,在新、旧文化问题上便具有中性色彩。这一由学生救国会派生出的刊物,仍采用文言文,其政论文章启迪国人爱国意识,宣扬新观念,而学术论文则多采刘师培、马叙伦、陈仲凡等人的著述，其创刊之际，黄侃特为之撰写了祝词。在教员中，朱希祖等亦被外界舆论视为介于新、旧两派之间持中调和的人物。

各种不同的思想主张和学术观点在北大能够各行其道、尽情表现，恰恰反映了校长蔡元培所推行的办学原则和方针，那就是"思想自由，兼容并包"。这位长期在欧洲学习和生活的教育家，理性地接受了西方价值观念中的自由思想，同时，经过考察德、法等国的大学教育，确信学术自由乃各国大学之通例，不如此，便不会有发达的学术文化。他认为："近代思想自由之公例，既被公认，能完全实现之者，却惟大学。大学教员所发表之思想，不但不受任何宗教或政党之拘束，亦不受任何著名学者之牵制。苟其确有所见，而言之成理，则虽在一校中，两相反对之学说，不妨同时并行，而任学生之比较而选择。此大学之所以为大也。"在他看来，大学乃囊括大典、网罗众家之地，应当包容各类学问、各种观点，"无论何种学派，苟其言之成理，持之有故，尚不达自然淘汰之运命者，虽彼此相反，而悉听其自由发展"。他的这一思想，可谓根深蒂固，发之自然，并非出于某种功利性的策略考虑。

然而，在中国这块古老的土地上，虽说已进入民国时代，但自由民主的空气仍然十分稀薄，在思想文化领域内，人们习惯于那种定于一尊的固有秩序，相当多的读书人也未能革除"专己守残之陋见"。显然，社会政治的表层变革并不能替代文化心理的深层更新。蔡元培在民国元年提出世界观教育，"意在兼采周秦诸子，印度哲学及欧洲哲学，以打破两千年来墨守孔学的旧习"。但人们对他的这番用意并没有表现出足够的理解和赞同。经过袁世凯的祸殃，迟至的新文化运动思想启蒙才悄然发轫。正是在这样的历史契机中，蔡元培这位"自由主义者"，借助北京大学这方"圣土"，厉行"兼容并包"，将世界各大学的通例行之于孔孟之乡，在传统社会瞠目结舌、啧啧非难之中，迅速改变着最高学府的面貌。

"兼容并包"主张的最初阐释，是蔡元培为《北京大学月刊》撰写的发刊词。他申明，大学乃共同研究学术之机关，而学术研究"非徒输入欧化，而必于欧化之中为更进之发明；非徒保存国粹，而必以科学方法，揭国粹之真相"。可以说，这是他对待中西两大文化系统所持的进取态度，也是实行"兼容并包"的目标引导。他尖锐批评学界存在着的株守一家之言而排斥其他学问的积习，指出："治文学者，恒蔑视科学，而不知近世文学，全以科学为基础；治一国文学者，恒不肯兼涉他国，不知文学之进步，亦有资于比较；治自然科学者，局守一门，而不肯稍涉哲学，而不知哲学即科学之归宿,其中如自然哲学一部,尤为科学家所需要;治哲学者,以能读古书为足用,不耐烦于科学之实验,而不知哲学之基础不外科学,即最超然之玄学,亦不能与科学全无关系。"要拓展学术视野,必须广设学科,增进交流,这便是实行"兼容并包"的现实需要。

他借用"万物并育而不相害,道并行而不相悖"的儒家古训,说明众家学说争鸣于大学之中,似相反而实相成。并进一步强调:"各国大学,哲学之唯心论与唯物论,文学、美术之理想派与写实派,计学之干涉论与放任论,伦理学之动机论与功利论,宇宙论之乐天观与厌世观,常樊然并峙于其中,此思想自由之通则,而大学之所以为大也。"他期望通过《北京大学月刊》的印行,使外界了解"吾校兼容并收之主义,而不至于一道同风之旧习相绳"。借助国学经典,陈说世界通则,为"兼容并包"的办学方针在传统和时代两方面求得合理性,从而使中国的大学教育在开放、多元和自由选择的氛围中得到完善和发展。这便是蔡元培"兼容并包"主张的底蕴所在。

根据这样的办学宗旨,蔡元培在选聘教师、安排课程、丰富课外活动等方面充分体现了广泛的包容性。他意识到,陈独秀等人编撰的《新青年》杂志代表了辛亥革命以后思想文化界的进步潮流,足以指导青年学生步入一个前所未有的认知境界。因而将这些时代精英纳入北大的教师阵容。陈独秀进入北大之后，由于锐意推进新思潮，加之性格耿介而有时又细行不检，招致一些同人的不满和议论。蔡元培从大处着眼，对陈独秀极尽维护之力，尽力保障其启蒙事业不致夭折。

与此同时，许多在中国旧学方面研究有素的学者，也被蔡元培请入北大，并得到应有的重视。研治经学、造诣颇深的崔适，著有《春秋复始》等书，对《公羊春秋》详解有加，阐释甚明，蔡便邀请他开设课程，讲述研究心得。精通中国戏曲艺术的专家吴梅，擅长词曲，蔡请其担任国文系教授，从而使先前视为"淫词艳曲，有伤风化"的词曲艺术，被作为一门学问而占有一席之地。素以研究殷商甲骨文而著称于世的罗振玉、王国维，亦曾受到蔡的多次邀请，罗、王也一度应允担任北大研究所国学门的通信导师。诚如当年的北大学生顾颉刚所言，蔡先生聘任教师"不问人的政治意见，只问人的真实知识"。正因如此，像辜鸿铭、刘师培那样政治上保守的人物，因其确有学识，亦被延聘。

学 术 自 由

各类学者相继踏上北大讲坛，使这所大学的课程表空前博杂：在经学方面，既有主讲今文学派的崔适，也有古文学派的刘师培；在文字训诂方面，既有章太炎的弟子朱希祖、黄侃、马裕藻，也有其他学派的陈黻宸、陈汉章、马叙伦；在旧诗方面，主唐诗的沈尹默、尚宋诗的黄节、宗汉魏的黄侃，同时并存；在政法方面，有英美法系的王宠惠，又有大陆法系的张耀曾；在外语方面，也一改以往仅偏重英语的倾向，增设法、德、俄等国语言文学，甚至还将世界语列入选修课……在此基础上，蔡元培努力实践其"尚自然，展个性"的教育思想，"他希望人家发展个性，他鼓励人家自由思想，他唯恐人家不知天地之大，他唯恐人家成见之深，他要人多看多想多讨论"。在比较和选择中，确立青年学生的思想观念和学识基础；在比较和竞争中，自然完成对各种学派、各类观点的择优汰劣。无疑，"兼容并包"的办学方针，内含着发展教育和学术的客观逻辑法则，北京大学的变化和进步，证明了"兼容并包"方针的可行和有效。

其实，蔡元培提出并付诸行动的"兼容并包"主张，在很大程度上反映了他个人的教育背景、知识结构及其"融合中西文化"的思想。他早年饱读儒家经典，并登临科举阶梯的顶端；中年以后，激于时变转而涉猎西洋文化，以至数年旅居德、法，深入接触欧洲文明，充分感知西方人文的精神实质，从而形成了多元、立体的文化价值观念，认定"今世为东西文化融合时代"。他认识到一个民族要对世界文化有所贡献，必须具备两项条件："第一，以固有之文化为基础；第二，能吸收他民族文化以为滋养料"。这即是说，在并不毁弃中国传统文化价值的前提下，积极引入外来文化成果，通过并存与竞争，造就一个既有根基又不乏活力的适合时代的融合型文化。他认为，"教育家最重要的责任，就在创造文化，而创造新文化，往往发端于几种文化接触时代"。没有接触，便无融合、创造可言。这位矢志培育新文化的教育家，一方面"素来不赞成董仲舒罢黜百家独尊孔氏"的做法，另一方面，力主"对于新思潮要舍湮法，用导法，让它自由发展，定是有利无害"。因此，促使中西两种文化接触、融合的必由途径，便是实行"兼容并包"，舍此别无选择。就学术文化而言，蔡元培确信，"思想学术，则世界所公，本无国别"。他曾多次表明这样的观点：学术的派别是相对的，而不是绝对的，并非永远不相容的。即使产生了对立的观点也应作出正确的判断和合理的说明，避免混战。蔡元培实行的"兼容并包"，为旧学提供了求得更新发展的可能性，为新学开辟了立足和张扬的空间，这就使中国学术思想界出现了争奇斗艳、百家鸣放的活跃局面。五四新文化的空前繁盛与北京大学推行"兼容并包"办学方针有着显而易见的因缘关系。

蔡元培在北大实行的"兼容并包",成为日后中国知识界津津乐道的一个话题。人们或以此印证学术文化自身发展的规律,或从中揣度蔡本人在五四新文化运动中的基本偏向,甚或借此伸张文化压抑状态下扭曲的正当要求等等,不一而足。即使是当年新文化阵营中人,对此的认识也并不一致。青年教授胡适认为:"蔡老先生欲兼收并蓄,宗旨错了。"似乎在埋怨校长未能独力扶助新学。陈独秀则不同意这一看法,他在致胡适的信中写道:"蔡先生对于新旧各派兼收并蓄,很有主义,很有分寸;是尊重讲学自由,是尊重新旧一切正当学术讨论的自由。……他是对于各种学说,无论新旧都有讨论的自由,不妨碍他们个性的发展;至于融合与否,乃听从客观的自然,并不是在主观上强求他们的融合。我想蔡先生的兼收并蓄的主义,大概总是如此。"二十多年后,陈独秀论及蔡元培仍赞叹道:"这样容纳异己的雅量,尊重学术自由的卓见,在习于专制、好同恶异的东方人中实所罕有。"看来,在此问题上,陈独秀较之胡适更能理解"兼容并包"的深刻意义。曾经作为《新青年》重要成员之一的周作人,在其晚年撰写的回忆录中谈到"兼容并包"主张时却说:"我以为是真正儒家,其与前人不同者,只是收容近世的西欧学问,使儒家本有的常识更益增强,持此以判断事物,以合理为止,所以即可目为唯理主义。"周氏一生思想起伏颇大，暮年冷寂深沉，所发议论不失独特精到之见。

梁漱溟曾以其特有的思维方式评析蔡元培的个性与"兼容并包"的关联，他在40年代初所写的一篇文章中指出："蔡先生除了他意识到办北大需要如此之外，更要紧的乃在他天性上具有多方面的爱好、极广博的兴趣。意识到此一需要而后兼容并包，不免是人为的（*伪的*）；天性上喜欢如此，方是自然的（*真的*）。有意地兼容并包是可学的，出于性情之自然是不可学的。有意兼容并包，不一定包容得了。唯出于真爱好而后人家乃乐于为他所包容，而后尽管复杂却维系得住。——这才是真器局，真度量。"他认为，实行"兼容并包"乃蔡之至性所致，寻常人是不可企及的。这番论说，多少有些玄奥，然其知人论事的识见不可谓不深刻。当年的北大学生冯友兰在20世纪70年代后期口述自传时，忆述在北大的感受时说："所谓'兼容并包'，在一个过渡时期，可能是为旧的东西保留地盘，也可能是为新的东西开辟道路。蔡元培的'兼容并包'在当时是为新的东西开辟道路的。"这一观点，目前在学术界具有相当普遍的代表性。

在中国漫长的历史编年中，思想文化的百家争鸣局面仅仅在短暂时期出现过几次。每一次百家争鸣局面的到来，都为人才涌流、思想创新和文化建设提供了无与伦比的优越环境，其观念定势往往影响后世的几代人。这种思想上的自由"狂欢"，常常让后人特别是知识分子珍念不已。"五四"之前方兴未艾的新文化运动，带着历史的启蒙使命，由实行"兼容并包"的北京大学辐射于九州方圆，形成近代中国第一次百家争鸣的活跃局面，学术文化风气由此为之改变。人们之所以高度评赞蔡元培"兼容并包"的做法，其根由或许就在于此。"兼容并包"主张的思想根基是学术至上和思想自由，蔡元培牢牢地把握住这两个原则尺度，不因一己的爱好和倾向而有所变通，从而在校内真正造就了一种学术民主空气，也在相当程度上赢得各方面的广泛敬重和拥戴。即使顽固守旧的辜鸿铭在校内也信服蔡校长的领导，在"五四"之后的"挽蔡"运动中同样维护其权威。固守旧学的黄侃甚至对人表示："余与蔡子民志不同，道不合，然蔡去余亦决不愿留。因环顾中国，除蔡子民外，亦无能用余之人。"当年北大的教师戏称蔡校长为"古今中外派"，颇为贴切地说明了蔡元培实行"兼容并包"方针所保持的"超然形象"。诚如梁漱溟所说："因其器局大，识见远，所以对于主张不同，才品不同的种种人物，都能兼容并包，右援左引，盛极一时。后来其一种风气的开出，一大潮流的酿成，亦正孕育在此了。"

新旧之争

第一次世界大战协约国方面的胜利、美国总统威尔逊提出的"十四点建议",在中国知识界鼓荡起强烈的政治激情和对未来的乐观向往。人们欢庆"公理战胜强权",以为备受列强欺凌的中华民族从此可以摆脱厄运,踏上坦途。原先决计致力文化建设的学人们,再也抑制不住热衷社会政治问题的兴致,《新青年》杂志遂衍生出政论时评性质的刊物《每周评论》。这一对世界时势的浪漫估计和新文化运动的重心移动,构成五四运动得以勃发的潜在因素。

在此过程中,作为学界最具影响力的人物之一,蔡元培的言行引人注目。他目睹欧战爆发之初的惨烈景象,对战时欧洲亦颇多观感,随着战事的演变,他内心所接受的克鲁泡特金"互助论"的思想更加坚定了。他认为,"此次大战,德国是强权论代表;协商国(原文如此),互相协商,抵抗德国,是互助论的代表。德国失败了,协商国胜利了。此后人人都信仰互助论,排斥强权论了"。自19世纪末年以来,由于严复《天演论》的影响,社会达尔文主义观念在中国知识社会中独领风骚,只有少数知识分子有幸接触西方其他社会学说,对"优胜劣汰"一类观点有所修正。蔡元培即代表了思想界的这一动向。1918年11月,当北京城内完全沉浸在欢腾气氛之中时,他与北大同人及社会名流在天安门广场连续演讲,广泛宣扬其"生物进化,恃互助,不恃强权"的信念,为欧战结束后的乐观情绪注入了思想旨归。

中国虽然宣布参战,但派往战区的却是十多万华工,劳工们用艰辛和汗水,为祖国换得"战胜国"的名义。欢庆之际,蔡元培没有忘记劳工们的作用,特意发表了题为《劳工神圣》的著名演说。他以罕见的激情大声疾呼:"此后的世界,全是劳工的世界呵!……凡用自己的劳力作成有益他人的事业,不管他用的是体力,是脑力,都是劳工……我们要自己认识劳工的价值,劳工神圣!"这个给时人留下深刻印象的演说,反映了蔡元培"泛劳动"的激进平民思想,在同类场合的演说中别具一格,尽管还看不出它与一年前发生在俄国的工人革命有何直接关联,却为日后中国工农运动的兴起提供了某种思想养分。

从这时起,蔡元培开始明显涉足社会政治领域。自民国建立以后,对于国内政治争端,他基本倾向于和平解决,不赞成诉诸武力,即使对于高举护法旗帜的南方政府亦是如此。由于欧战结束,国内和平呼声大起,旨在终止南北分立的和平期成会、全国和平联合会、国民制宪倡导会等团体相继成立,蔡元培参与了上述团体的活动。1918年11月18

日，他致函孙中山，婉劝其赞同南北和平，提挈同志，共同营造民主政治的基础，"倘于实业、教育两方面确著成效，必足以博社会之信用，而立民治之基础，较之于议院占若干席，于国务院占若干员者，其成效当远胜也"。

孙中山于12月4日复函蔡元培，表示争取和平，应是有法律保障的和平，敷衍苟且，只会暂安久乱，欧战之后，公理大昌，要实现真正的共和政治，决非少数暴戾军阀所能做到，因而要"贯彻初衷，以竟护法之全功，而期法治之实现"。显然，孙中山、蔡元培二人在解决国内政治问题上的具体主张并不一致。蔡元培倾向于维护一个公认的中央政府，在统一、和平的条件下，通过发展实业和教育，奠立共和政治的社会基础，逐步完善国家体制。孙中山则保持了一个革命家的本色，为了民主共和的目标，毫不妥协，执着地进行包括军事手段在内的政治抗争。他们二人的民主价值观大体相同，但外在表现形式在排除清廷之后却有某些不同。在国内和平问题上，二人基本上各行其道，谁也没有说服对方。

与此同时，蔡元培与教育界人士发起了"退款兴学"运动，促使西方列强退还庚子赔款，用以发展中国教育文化事业。同年12月，他与陈独秀、夏元瑮、黄炎培、沈恩孚、王兼善等人联名提出《请各国退还庚款供推广教育意见书》，吁请各界借助欧战结束后有利的国际环境，敦促各国将"此后每年赔款，悉数退还吾国，专为振兴教育之用度"。并进而提出"促成此事之方法"：上书行政当局，请其赞助；致函各国贤达人士，求得支持；发动国内外舆论，造成声势等等。此后，他开始与学界同人着手进行具体工作。同年底，梁启超、叶恭绰等赴欧洲考察，并旁听巴黎和平会议，蔡元培特意拜托他们，请其向各国宣传退款兴学主张，扩大影响。1919年4月，他又致函在法国的李石曾："运动赔款退还一事，已由北京及上海各教育机关推定先生及陶孟和、郭秉文二君在欧办理；郭、陶已到美洲，不久赴欧。对于英语各国，以郭为代表；对于法语诸国，则当请先生为代表。"其后，李、郭等人开始在英、法朝野进行退还庚款的游说，退款兴学运动自此发轫。至1921年，北京政府因参战而缓付庚款五年的期限已满，运动随之达到高潮。此后，有关的交涉持续进行，直到30年代初期方告结束。在此过程中，蔡元培精心擘画，多方奔走，始终是这一运动的核心人物。

北京大学的改革措施，尤其是陈独秀、胡适等人汇集北大之后，迭发抨击旧思想旧学术、倡行白话文的言论，在社会上引起很大反响。固守道统的人们对此类"离经叛道"言论大为不满，视蔡元培为造成这一状况的主要责任者。就蔡元培个人而言，对于《新青年》等刊物上的各种言论未必都能赞成，但在传扬科学的价值、反对独尊孔孟、使用白话文以改变国人"言文不一致"等方面，他与陈、胡一派的主张基本相同。而这些，正是新文化运动的实质内容。尽管他在相当大的程度上确实做到了容纳各方、兼收并蓄，但对陈独秀等人的扶持和保护亦十分明显。因此，他愈来愈感受到来自传统社会的压力。1919年2月间，被人们称作桐城派古文家的林纾（字琴南）在上海《新申报》的"蠡叟丛谈"栏目中先后发表影射小说《荆生》《妖梦》，诋毁北京大学的革新力量。其中，以白话学堂校长元绪影射蔡元培，述其对校内教师毁伦常、倡白话之举动"点首称赏不已"，结果为阎罗妖所吞杀，化成一堆"臭不可近"的粪土。正如胡适所言，这类"游戏文字"，"很可以把当时的卫道先生们的心理和盘托出"。与此同时，林纾还在北京《公言报》开辟"劝世白话新乐府"一栏，以先前为《平报》撰写白话讽喻新乐府之例，"遇有关世道人心题目，即出一篇"。称言："琴南年垂七十，与世何争，既不为名，亦不为利，所争者名教耳。"当年曾以译述《巴黎茶花女遗事》《黑奴吁天录》《迦茵小传》等西洋文学作品而风靡一时的文坛骄子，此刻却成了新思潮反对派的代言人。上述影射攻击尚嫌不够，3月18日，林纾在《公言报》公开发表《致蔡鹤卿元培太史书》，陈述他对学界前途的"悲悯之情"。

林、蔡二人均科举出身,先前曾有过交往。蔡出掌北大之后,有人提议聘林任教,蔡认为林的那套桐城古文已经过时,未予延揽。不久,一位名叫赵体孟的人,为出版明季遗老刘应秋的遗著,函请蔡元培向商务印书馆代为先容,并请其介绍梁启超、章太炎及林纾等名流为遗著题字。为此,蔡致函林氏,告知此事。林却借机发作,回复了这封公开信。信中写到,大学为全国师表,五常之所系属。但近来尽反常轨,侈为不经之谈,用以哗众,必以覆孔孟,铲伦常为快。且实行白话,尽废古书,则都下引车卖浆之徒,所操之语,按之皆有文法。更有甚者,所谓新道德者,斥父母为自感情欲,于己无恩,不图竟有用为讲学者。须知天下之理,不能就便而夺常,亦不能取快而滋弊。大凡为士林表率,须圆通广大,据中而立,方能率由无弊。切不可凭位分势利而施趋怪走奇之教育。"今全国父老以子弟托公,愿公留意,以守常为是"。很明显,林纾将蔡元培在北大实行的改革斥责为"尽反常轨,趋怪走奇",对新文化倡导者们更是极尽诋毁,即使市井传言,亦宁信其有不信其无,辞令间充斥教训口吻,俨然一派"伸张正气"之概。《公言报》在刊载林氏公开信的同时,还发表一篇《请看北京学界思潮之变迁》的文章,此文貌似客观,指出北大自蔡元培任校长后,气象丕变,尤以文科为甚;进而评述校内各学派及其主张,指责陈独秀、胡适提倡新学、否定传统，"其卤莽灭裂，实亦太过"。

面对传统社会的强劲挑战，蔡元培没有保持沉默或退缩，他于林氏公开信发表的当日，就写成《致公言报函并附答林琴南君函》，寄交《公言报》于4月1日发表。他首先表明，虽林纾原函称"不必示复"，而"鄙人为表示北京大学真相起见，不能不有所辨正"。他指出，林责备北大各项，多据外界纷传之谣言，并非真实情况，如此混淆真伪，实在有悖其爱惜大学的本意。其后，他论事说理，对林氏公开信中"覆孔孟，铲伦常""尽废古书，行用土语为文字"的指责进行有力申辩。他写道：北大教员中开设涉及孔孟学说之课程者所在多有，其中尊孔之人亦非少数，岂有覆孔之虞？即使"《新青年》杂志中，偶有对于孔子学说之批评，然亦对孔教会等托孔子学说以攻击新学说者而发，初非直接与孔子为敌也"。校内所组织之进德会，增进道德风尚之意甚明，岂有铲除人类伦常之理？至于文言与白话，仅仅形式不同而已，并非势若水火，两不相立，谨严之文言，于授课之时，亦须通俗之白话讲解。善作白话文的胡适、钱玄同、周作人诸位，其古文根底甚深，有著述可资为证，并非以白话藏拙，逊于先人。最后，他重申自己办学的两种主张：一、对于学说，仿世界各大学通例，循"思想自由"原则，取"兼容并包"主义；二、对于教员，以学诣为主，因为"人才至为难得，若求全责备，则学校殆难成立"。他强调，教员授课，以"言之成理、持之有故，尚不达自然淘汰之命运"为界限，其校外之言行，本校既不过问，亦不能代负责任，况且，"公私之间，自有天然界限""革新一派，即偶有过激之论，苟于校课无涉，亦何必强以其责任归之于学校耶"？蔡氏的复函，分明是一篇为北京大学洗去"不白之冤"的辩护词，通篇平实深沉，重在说理，毫无意气轻浮之态，于细谨的辩白之中，申述坚定的办学主旨和革新意向，入情入理，不卑不亢，恰到好处地护卫了新思潮的生存权利，同时也避开与守旧顽固势力的正面激烈冲突。

林、蔡二人的信函，一来一往，一攻一守，反映了"五四"前夕中国文化思想领域内的新旧对立。这种观念上的论争，有时也不免牵连某种政治背景的因素。刘半农就曾回忆道："卫道的林纾先生却要于作文反对之外，借助于实力——就是他的'荆生将军'，而我们称为小徐的徐树铮。这样，文字之狱的黑影就渐渐地向我们头上压迫而来，我们就无时无日不在栗栗危惧之中过活。"刘半农的追述或许不无夸张渲染之嫌，但蔡元培作为北京政府的简任官，显然更多感受到来自权力中枢的不安和干预。

大总统徐世昌几次召请蔡元培等学界人士，亲自过问

"新旧两派冲突"之事；势焰正炽的安福系成员甚至提出撤销蔡的校长职务，整饬北大文科。一时间，各种谣言沸沸扬扬，不胫而走。1919年3月26日，对北大的兴革尚能理解的教育总长傅增湘，也致函给蔡，对《新潮》杂志大胆批评传统社会的言论表示担忧："近顷所虑，乃在因批评而起辩难，因辩难而涉意气。倘稍逾学术范围之外，将益启党派新旧之争，此则不能不引为隐忧耳。"进而劝导说："凡事过于锐进，或大反乎恒情之所习，未有不立蹶者。时论纠纷，喜为抨击，设有悠悠之词，波及全体，尤为演进新机之累。"希望北大师生"遵循轨道"，稳健行事。对此，蔡元培表现出了灵活性，对傅增湘来函所提要求基本予以合作，事实上这位教育总长同样承受很大的压力。

蔡元培此时正为北大新派内部的问题所困扰。高擎新文化大旗的陈独秀，以其明快的思想和洒脱的文笔，开辟出思想启蒙的崭新局面，成为众多新青年仰慕的偶像。可是由于他在个人生活方面不够检点致舆论哗然，议论骤起。反对派对此不无渲染，而新派人物则无以为辩。此事无疑使蔡元培陷于被动难堪境地。社会上反对新思潮的人扬言要将陈独秀逐出北大，而先前向蔡推荐陈的汤尔和、沈尹默等人此刻也坚决主张解聘其职。蔡欣赏陈的才干，辛亥之前从事反清革命时即对其苦撑局面、独力办报的精神产生"一种不忘的印象",两年来的合作共事,尤其是《新青年》北迁之后在思想文化界开创的新格局,愈加使蔡感到这位新文化运动主将的不可或缺。面对压力,蔡元培最初并不让步,甚至不惜自己被革职。然而社会道德牵引下的公众舆论,力量强大,作为进德会的倡导者,蔡亦自有苦衷。几经商议,最后不得已采取变通方法免去陈独秀文科学长之职,留聘为教授,校方给假一年。显然,这是一个折中的处置办法,不难想象在此过程中蔡元培作出了怎样的努力。在新、旧思想尖锐对立情势下,陈独秀引发的风波早已超出了"私德"范围,而成为新旧较量的一个焦点。蔡元培执意将陈独秀留在北大,其用意可谓深远。

"五四"前后

1919年春,正在巴黎举行的"和平会议"越来越成为国人关注的焦点,在"公理大昌"的心理作用下,人们期待中国外交获得前所未有的大成功。2月中旬,蔡元培与汪大燮、林长民、王宠惠、熊希龄等人组成国民外交协会,旨在作为政府外交的后援。他们致电出席"和会"的中国代表,要求其据理力争,一举收回先后被德国、日本侵占的山东主权。可是,随着夏季的临近,传来的竟是令人大失所望的消息：会议决定将德国原在山东掠得的权益悉数让给日本，此决定分三条写入《凡尔赛和约》。5月的最初两天，上海《大陆报》和北京《晨报》分别披露了中国外交失败的惨讯。人们终于明白：强权依旧蔑视公理，贫弱的中国仍是列强的俎上肉，于是激愤的情绪开始蔓延。5月3日，蔡元培从汪大燮那里得知：北洋军阀操纵的钱能训内阁已密令中国代表签约。这是一个危急的时刻，他迅即召集学生代表，告知这一消息，同时与王宠惠、叶景莘以北京欧美同学会名义急电中国首席代表陆征祥，劝诫其切勿在和约上签字。北大学生闻风而动，当晚即在北河沿第三院礼堂召开大会，将原定5月7日"国耻日"举行的活动提前到翌日进行。5月4日下午，北大等校的三千多名学生走上街头游行示威，要求"外争国权，内惩国贼"，随即火烧曹汝霖住宅，痛殴章宗祥，而三十余名学生亦遭警方拘捕。

对于这一事件，蔡元培的内心颇为复杂，甚至矛盾。他个人认为，辛亥光复之后，全国学风应从热衷政治转为潜心学业，不鼓励学生涉及政事。"五四"前一年，北大学生因反对"中日军事协定"而前往总统府请愿，他曾出面劝阻，并一度辞职。但此次中国外交失败，令他痛心疾首，环顾国人，唯有热情明达的青年学生勇于率先表达民意，这在冷漠麻木的社会里尤其难能可贵。因此，得知学生将采取行动,他没有像一年前那样全力阻止,而是保持某种"放任"姿态。虽然当年北大学生的诸多回忆不乏相互矛盾的细节记述,但蔡元培内心同情乃至赞许学生的爱国举动是毫无疑问的。当然,由于爱国运动而停课是他所不愿意看到的,至于焚宅殴人的"越轨之举"更非意料所及。然而不管怎样,当学生与政府形成对立之后,他的处境变得十分困难。政府方面认定此次学生运动与北大平日提倡新思想有关,蔡随即成为众矢之的,安福系进而提出查封北大,惩办校长。在紧张严峻的形势下,他不慌不惧,一方面与政府周旋,减缓压力,一方面安抚学生,劝其复课。同时,与各国立学校校长奔走营救被捕学生,经过多次交涉,被捕学生获释。此时,"学生尚抱再接再厉的决心,政府亦持不作不休的态度",身为校长置身其间,他感到已难有作为,而权力上层正拟议由马其昶取代他出掌北大。在此情况下,蔡元培于5月8日夜晚正式提交辞呈,第二天清晨便悄然离京。

校长辞职出走,北大师生既震惊又困惑。特别是对他离京前留下一纸启事中所引僻典"杀君马者道旁儿"一语颇为费解,甚至以为蔡校长有责备学生之意。10日午后,北大职员段子均从天津带回蔡校长致学生的一封信,内称:"仆深信诸君本月4日之举,纯出于爱国之热诚。仆亦一国民,岂有不满于诸君之理。惟在校言校,为国立大学校长者,当然引咎辞职,仆所以不于5日提出辞呈者,以有少数学生被拘警署,不得不立于校长之地位,以为之尽力也。"这封信,道出了作为国民与作为国立大学校长的矛盾心理,也解释了何以事件发生数日后才辞职的因由。北大师生及北京教育界迅即发起"挽蔡"运动,要求政府明令挽留蔡校长。学界"挽蔡"出诸挚诚,而政府方面的所谓"慰留"则虚应故事,毫无真意。蔡元培在天津逗留数日,旋即南下远走沪杭,息影于西子湖畔。几年来在北大经历的风风雨雨,确乎使他感到疲惫,而北方社会浓重的官衙旧习更令人厌烦。置身湖光山色之中,返璞归真而惬意自如,辛劳奔波了大半生的蔡元培此刻确一度萌生摒除尘嚣、寄情山水、著书译书、就此终老的意念。他草拟了《不肯再任北大校长的宣言》稿,以惊人的率直倾诉了不愿再任"半官僚性质""不自由"的大学校长的心曲。其堂弟蔡元康认为这篇文字不宜发表,遂以自己的名义在《申报》刊出启事,称家兄患病,遵医嘱摒绝外缘,俾得静养云云。这样,蔡元培便得到了一段相对宁静的"世外"生活。

命运似乎注定蔡元培不可能做"世外之人"。由青年学生发起的五四爱国运动,随着工、商阶层的参与,终于实现了拒签和约,罢免曹、陆、章的目标,北京学界的"挽蔡"亦随之成功。6月下旬,沈尹默、马裕藻、狄福鼎等北大的师生代表相继南来，力劝蔡元培取消辞意，返校复职。北京政府教育部亦派员促驾。同时，各方面敦劝其复职的函电纷纷而至。众意难违，蔡乃于7月9日通电放弃辞职。然此时胃疾复发，难以即刻北上，他电请北大温宗禹教授继续代行校务，却被坚辞。这样，正在江苏教育会任干事长并主编《新教育》杂志的蒋梦麟便以蔡校长个人代表身份进入北大代理校政。此后，尽管安福系政客曾尝试以胡仁源、蒋智由取代蔡元培，但在北大师生的锐意抗争下均未得逞。不过，经历此番风潮的学生还能安心学业，服从管理吗？一些人担心此后学生"将遇事生风，不复用功了"。蔡元培本人对"五四"以后学生界的认识要积极、全面一些，但也认为有必要作些"善后"引导。他于返京之前与学生代表谈话或公开致书全国学生，均阐发了这样的观点：此次运动，学生唤醒国民，作用重大，然牺牲学业，代价不轻。青年救国，不可单凭热情，主要应靠学识才力，因而目前应当力学报国。由此，他提出"读书不忘救国，救国不忘读书"的口号。他十分赞赏北京学界关于"恢复'五四'以前教育现状"的主张，其中显然含有重建学校秩序、继续全力进行学术文化建设的用意。正是怀着这样的向往，蔡元培于9月中旬回到北京，重主校政。

返校伊始，他便提出进一步完善校内体制，使之不因校长的去留而影响校务正常运转。为此，拟议组织行政会议和各专门委员会，负责日常校务。进校不久的蒋梦麟受命通盘规划，具体实施，这位美国哥伦比亚大学毕业的教育学博士组设总务、教务两个职能机构，并聘请各系教授充任财政等专门委员会委员，使北大行政方面的教授治校渐趋完备。此后，蒋作为总务长，成为蔡在北大后期最为倚重的助手，每每蔡离校远行，均由蒋代理校政。

"五四"之后的北京学界呈现更加自由活跃的局面，各种思想广为传播，各类团体大量涌现，蔡元培仍旧兼容并包，任其自由竞争。胡适、陶行知等簇拥他们的美国老师杜威博士四处讲学而久居北京，实用主义哲学和教育理论喧腾于一时；景仰俄国布尔什维主义的李大钊从1920年起兼任教授，其新颖的政治经济学观点和史学理念开始流行于青年中间；新文学运动中诞生的一代文豪鲁迅正式受聘在北大讲坛宣讲其独步一时的中国小说史；"只手打倒孔家店的老英雄"吴虞，也走出四川盆地来到最高学府，继续点评先秦诸子；就是那位从官场上被迫退出来而转向学术研究竟然成果斐然的梁任公，也不时涉足北大校园登台演说，阐发学理，与人论辩……这一时期，蔡元培仍其信奉的互助论思想，对周作人积极倡导的"新村主义"颇感兴趣，曾在《新青年》杂志上撰文评论周氏所译日本新村倡办人武者小路实笃的著作，并对青年学生发起成立的工学互助团给予热情赞助。

蔡元培还在北大内部大力推行平民教育。他认为，五四运动带给学生的最大收益，是他们由此感受到启迪民智的极端必要性，从而能够以空前的热情利用课余举办平民夜校和星期演讲会，编印通俗刊物，这是极为可贵的行动。对此，他不仅高度赞许，而且从校方的角度提供财、物支持。1920年1月18日，北大平民夜校开学，他发表演说，称这一天"是北京大学准许平民进去的第一日"。此前，悬挂在马神庙北大门前那块仿佛虎头牌一般的匾额被摘了下来，这无异象征性地撤除了横在最高学府与普通民众之间的一道传统屏障。这样，相当数量的校外旁听生便自由地"登堂入室"，选听课程，构成一派自由、开放办学的宏大气象。应当说，这气象来自蔡元培的教育理想，来自"五四"之后活跃舒展的社会文化氛围。

与此同时，北京大学这个事实上的"男子学校"也开始出现女生的身影。王兰、邓春兰等九位勇敢的女性先后以旁听生身份进入最高学府，同年暑假，她们通过入学考试成为北大的正式学生。为她们的入学敞开大门，开放绿灯的是蔡元培。当时有人责问他：招收女生是新法，为何不先请教育部核准？他回答道："教育部的大学令，并没有专收男生的规定，从前女生不来要求，所以没有女生，现在女生来要求，而程度又够得上，大学就没有拒绝的理。"三言两语，于轻描淡写之中，智巧地破除了传统束缚，开创出我国大学男女同校的先例。此举，对于封建守旧的中国社会不啻是一种挑战。

刚刚经过直皖战争而取代皖系控制北京政权的直、奉两系军阀首领曹锟、张作霖，在中央公园的一次宴会上，竟忽然谈起"姓蔡的闹得很凶"（指实行男女同校等举措），以致要"看管他起来"。这一动向，引起蔡及其朋友们的警惕，李石曾为了减缓矛盾、免生意外，遂运动政府派蔡元培赴欧美考察。1920年10月，蔡元培告别北大师生，陪同杜威和到华不久的英国哲学家罗素等人赴湖南进行学术讲演，他本人亦就文化、美学及教育等问题作了七次系列性演说。一个月后，他便束装起程，踏上赴欧美考察的漫长旅程。

"教育独立议"

1921年9月18日，蔡元培回到北京。远行归来，环顾海内，依旧是扰攘不已的武人政治和兵戎相见的战乱纷争。在军阀主政的年月里，蔡元培深知苦撑教育残局的艰辛，然而目睹欧美各国教育、科学、文化的先进程度，出自一个教育家的天职和良知，他只能振奋自己，劝慰和勉励他人，共图国家民族的"百年大计"。在北大欢迎他归来的大会上,他劝勉师生们道:从事教育之人,无论遇到怎样的困苦,也不可自行放弃天职。他甚至认为,"罢课是一种极端非常的手段,其损失比'以第三院作监狱'及'新华门受伤'还要厉害得多"("以第三院作监狱",是指1919年"五四"事件之后,军警大肆拘捕游行示威的学生,并将其拘禁于北京大学第三院内。"新华门受伤",是指1921年6月3日,北京大学等校教职员为索薪而在新华门向政府请愿时,被军警殴伤的事件)。这位抱定教育救国信念的大学校长期望师生们不为任何现实障碍所阻,潜心于传播知识和建设学术文化的神圣目标。

从这年10月始,蔡元培在北大开设美学课程,并着手编写《美学通论》一书。校长亲自授课,吸引了大批学生,据蒋复璁回忆:"他教的是美学,声调不很高可是很清晰,讲到外国美术的时候,还带图画给我们看,所以我们听得很有味,把第一院的第二教室完全挤满了……挤的连台上也站满了人,于是没有法子,搬到第二院的大讲堂。"此种盛况,自然有益于校内浓厚教学气氛,同时,也集中体现了蔡元培倡导美育的切实努力。还在出任北大校长之初,蔡元培在北京神州学会的一次演说中,将他自民国元年以来一直倡导的美育主张作了进一步伸展,提出"以美育代宗教说"。当时,一些人憾于我国无宗教，致使道德沦丧、国势衰颓，急于要引入基督教；而另一些人则尊孔子为教主，倡立孔教，以维系所谓的"世道人心"。蔡元培认为，在科学发展的近代社会，宗教早已失却了其蒙昧时代曾经发挥的作用，欲陶冶人类高尚美好的情操，莫如舍弃宗教而代之以纯粹之美育。因为宗教教义具有很大的排他性，往往强行令人遵从，而美的"普遍性"和"超越性"特点，可使人类心灵的寄托和纯洁情感的生成变为一个自然过程。他的这一演说词，于同年八九月间先后刊载在《新青年》杂志和《学艺》杂志上，令知识界有耳目一新之感，但人们对于这一主张不甚了然，热心响应者为数寥寥。

到1919年新文化运动处于高潮之际，蔡元培又在《晨报》副刊发表《文化运动不要忘了美育》一文，恳切提醒"致力于文化运动诸君"莫忘美育，他写道："文化不是简单，是复杂的；运动不是空谈，是要实行的。要透彻复杂的真相，应研究科学。要鼓励实行的兴会，应利用美术……不用美育提起一种超越利害的兴趣，融合一种划分人我之偏见，保持一种永久平和的心境，单单凭那个性的冲动、环境的刺激，投入文化运动的潮流，终不免产生种种流弊。"在这篇文章中，蔡元培将美育与科学并提，视为新文化运动不可或缺的重要内容。到这时为止，至少在北大范围内，美育已在教学和课余生活中占据了一席之地。此后，他利用许多场合，系统宣讲美育的有关理论，出国考察前在湖南所作的七次演讲，竟有四次属于这类内容。他在北大及北京高等师范学校亲自开设课程，更推动了西方美学理论的传播。这些努力，引起教育界人士一定程度的关注和兴趣，主编《教育杂志》的李石岑请他撰文介绍实行美育的具体方法，蔡遂撰成《美育实施的方法》。

依照蔡元培的设想，实施美育需家庭、学校、社会三方面协调一致，从一个人孕育母体中的胎教，到接受各级学校教育，乃至社会生活环境，均注入精妙的美感教育，这不仅要使每一个社会成员具备自觉的"求美"意识，还需要科学文化相应的发展水平和社会公益设施的充分完善。显然，他为人们勾画了一幅系统美育的理想图景，这绝非可以一蹴而就，却足以成为中国几代教育家追求不舍的长远目标。当然，这一绚丽的美育蓝图提出于20世纪20年代军阀混战、民生凋敝的时期，与灰暗的历史背景很不协调，其明显的超前性似乎注定了它在很长一段时间里"曲高和寡"的命运。唯其如此，痴迷于重造国民精神的蔡元培才愈发执着地宣扬美育的价值和意义，并在可能的限度内大力扶植各类艺术教育，健全公共文化设施。蔡元培一生力倡美育，始终不懈，他基本做了两件事：一是全面介绍西方美学理论，使美育观念至少在知识界初步被接受；二是在中国奠定独立的艺术教育基础，培育了一批美术、音乐等方面的人才。不妨说，蔡元培的倡导美育，重心不是在构建新的理论体系方面，而主要表现于具体的教育实践。他努力实施的美育，实质上是一种"心育"，是造就高尚情操和完美道德的一种外在途径，是中国士人注重修身养性传统的近代表现形式。他所追求的是感乎于外、发乎于内的自觉的心理完善，而与一般社会倡行某种价值体系迫人就范的道德培养方法大异其趣，可以说这正是其"以美育代宗教"主张的底蕴所在。

通常以为，蔡元培奉行"兼容并包"宗旨无所不包。其实，也有例外，他对于宗教是不肯包容的。1922年春天，世界基督教学生同盟在清华学校召开年会，引发上海、北京等地激烈的"非宗教运动"。蔡元培以极鲜明的立场，参加了北京非宗教大同盟的活动，并发表演说指出："现今各种宗教，都是拘泥着陈腐主义，用诡诞的仪式、夸张的宣传，引起无知识人盲从的信仰，来维持传教人的生活。这完全是用外力侵入个人的精神界，可算是侵犯人权的。"他尤其反对教会学校和青年会诱惑未成年的中国学生信仰基督教，主张"以传教为业的人，不必参与教育事业"。北大教授周作人、钱玄同、沈兼士、沈士远和马裕藻五人曾对非宗教运动表示异议，认为这有悖于"信仰自由"。蔡元培对他们的观点颇不以为然,强调信仰自由应包含信教与不信教的双重自由,实际上是为非宗教运动辩护。时隔数月之后,欧美派女学者陈衡哲致函,对蔡元培无条件地赞成非宗教运动表示困惑,函称:"观各处反对宗教之电文,几无一能持平心静气之态度者;而且所持之理由,又大率肤浅,不从历史上及学理上立论,但专事谩骂,此岂足以服敌方之心哉?"对于陈女士的抱怨,蔡复函答曰:"'非宗教',本为弟近年所提倡之一端,不过弟之本意,以自由选择的随时进步的哲学主义之信仰,代彼有仪式有作用而固然不变的宗教信仰耳。此次非宗教同盟发布各电,诚有不合论理之言。然矫枉终不免过正,我等不能不宽容之,不忍骤以折中派挫其锐气。"可见,蔡元培拒斥宗教,一以贯之,其中既有维护民族自尊的现实情感,又有出自学识理念的思想根由。

然而时势艰危,尽管蔡元培怀抱发展教育的真切愿望,但教育经费短绌的阴影始终驱之不散。连年的穷兵黩武,耗占了国家的大部分收入,划拨到教育项目上的经费仅为政府预算的百分之一。即使这些,还被经常拖欠,大学教员往往只能领取半月工资。20年代初,北京"各校的教育经费比从前更形困迫,盼政府发款,像大旱的时候盼雨一样艰难。添聘教员没有钱,购买书籍没有钱,购买仪器没有钱,购买试验用的化学药品没有钱,乃至购买一切用品都没有钱。学生终日惶惶，觉得学校停闭就在旦夕，不能安心求学；教职员终日惶惶，迫于饥寒，没有法子维持生计，亦不能安心授课"。在如此窘迫的情状下，各校要求"教育经费独立"的呼声日渐高涨。蔡元培曾经设想发放教育公债，使"教育经费从由政府间接取得变成直接向国民取得"。

1922年3月，当"教育独立"运动步入高潮之际，他发表了《教育独立议》一文，提出，"教育事业应当完全交与教育家，保有独立的资格，毫不受各派政党和各派教会的影响"。因为教育是百年树人的大计，谋求远效，将教育委之于政党，必然更变频仍，难有成效；至于教会，则保守成性，拘泥信条，与教育发展的自由规律格格不入。因此，教育事业不可不超然于各派政党和教会之外。那么，如何实行"超然的教育"呢？他的方案是：采用法国的教育体制，在全国划分若干大学区，每区建立一所大学，大学事务由大学教授所组成的教育委员会主持，并推举校长；教育总长须经高等教育会议承认，不受政党内阁更迭的影响，各区教育经费仿美国的做法，从本区中直接抽税，贫困之区则由中央政府拨付税款补助之。蔡元培的"教育独立"主张及其方案，反映了北洋军阀统治时期中国教育界力图摆脱恶浊政治的困扰，从根本体制上为教育的生存和发展寻求出路的强烈愿望。这固然是历史时代的特有产物，但也是蔡元培这一代知识分子仿行西方教育制度所刻意追求的梦想。

实则,"教育独立"主张由来已久。清末,章太炎即提出教育独立的设想:"学校者,使人知识精明,道行坚厉,不当隶政府,惟小学与海陆军学校属之,其他学校皆独立。"其主旨是摆脱清政府对中等以上学校的干预,保证学术教育的自由发展。与此同时,严复亦主张"政、学分途",而王国维更明确强调:"学术之发达,存乎其独立而已。"西方观念的启悟和中国书院的传统,使得上层知识界对学术和教育相对独立于政治已有了清晰意识。1912年,蔡元培作为民国首任教育总长发表《对于新教育之意见》,其中论及政治家与教育家的区别:政治家是以谋现世幸福为其目的,而教育家则以人类的"终极关怀"为其追求,故而前者常常顾及现实,而后者往往虑及久远,因而他主张共和时代的教育应当"超轶于政治"。在民国肇始、党争甚烈的政治环境中,他组建北京教育部,全然不顾党派之分,请出教育专家、共和党人范源濂作次长,称"现在是国家教育创制的开始,要撇开个人的偏见、党派的立场,给教育立一个统一的、智慧的百年大计"。

蔡元培认定大学教育对国家发展具有引领和校正作用,他服膺德国洪堡等人的大学教育思想,注重高深学理研究,信奉学术至上和大学自治,为此着力营造"思想自由"的氛围,力求避开党派干扰,建立一块学术净土,因而使得北京大学的改革成效显著。可是1919年后,北方的办学环境明显恶化,内战连年,政局动荡,国立各校经费奇缺,备受困扰,师生罢教罢课风潮迭起,大学教育面临生存危机。于是,教育界要求"独立"之声大起,从具体的教育经费独立,到进一步的教育体制独立,知识界汇成一股"教育独立"的风潮。

1922年初,《教育杂志》《新教育》先后刊发李石岑、周鲠生、郭梦良等人研讨"教育独立"的文章,其中蔡元培《教育独立议》堪称代表作。此时蔡主持北大已五年之久,又刚从欧美考察归来,他明确提出:"教育事业应当完全交与教育家,保有独立的资格,毫不受各派政党或各派教会的影响。"主张教育独立的人认为,政党要制造一种特别的群性,抹杀个性,又追求近功,与教育的长远目标不相宜,若将教育权交与政党,政党更迭,教育政策一变再变,教育即难有成效;教会信守教义,妨碍信仰和思想自由,若将教育权交与教会,教育难有活力。他主张仿行法国的大学区制,实施超然独立的教育体制。

对此,教育界人士多有回应,其中以胡适的态度最引人注目。这位"五四"时期的"典范人物"对蔡的主张极为赞成,同年5月胡适在燕京大学座谈时反复引述《教育独立议》的观点，奉为圭臬。直至1937年抗战之初，胡适参加庐山谈话会，议及教育，他老调重弹，申明"教育应该独立"的意见："其涵义有三：一、现任官吏不得作公、私立大学校长、董事长；更不得滥用政治势力以国家公款津贴所掌的学校。二、政治的势力（*党派的势力*）不得侵入学校。中小学校长的选择与中小学教员的聘任，皆不得受党派势力的影响。三、中央应禁止无知疆吏用他的偏见干涉教育，如提倡小学读经之类。"时值国难，胡适非但没有暂时收起"教育独立"主张，反而加倍强调，其用意是借抗战契机，革除国民党官僚肆意插手教育的流弊，以维护文教事业的命脉。

"不合作"

不过，"五四"时期的"教育独立"运动终于并无实质性成效，北大等国立高校依旧艰难度日。随着国内政局显现某种转机，蔡元培等学界人士开始企盼出现一个"好人政府"。1922年四五月间，第一次直奉战争在京、津附近爆发，双方的十余万兵力在近一个星期的时间里激烈厮杀。为保障学校安全，蔡元培提议组建北大保卫团，由李四光、丁燮林、雄远负责筹备，学生参加者达三百余人。此前，北大刚刚举办了中断六年之久的运动会,重视体育和"知识阶层武化"的现实需要,使这所最高学府破天荒地出现了"学生军"。后来蔡元培还约请军事家蒋百里等来校讲演,对学生进行军事教育。这些做法,与民国元年蔡元培的军国民教育思想是完全一致的。两派军阀的激战,以直系战胜奉系而告收场。此后的两年,直系军阀单独控制了北京政权。这个由英美等国支持的军阀集团,较之当时的皖、奉两系,似乎略具一点清名,特别是那位秀才出身的"常胜将军"吴佩孚颇得时人好感。直系当权,使不少期盼政治清明的人们一度想入非非。

早在留学回国之初发誓"二十年不谈政治"的胡适,此时居然也"第一次作政论",写了《我们的政治主张》一文,当他觉得"此文颇可用为一个公开的宣言"时,便约请北大的十余名同人及校外朋友在蔡元培寓所汇集,经众人讨论修订后,于1922年5月14日联名发表。这篇"书生议政"的文字,主张好人应当站出来参与政治,组织一个为各方面均能接受的"好人政府",推行政治改革:首先实现南北议和,召集民国六年被解散的国会,制定宪法,进而裁兵、裁官,使国内政治渐次步入正轨。应当说,这一宣言反映了欧美派知识分子和平改良现实政治的善良愿望,在当时舆论界引起一定程度的共鸣。蔡元培领衔发表该宣言,除了政治思想因素外，还与他深悉一般社会的心理趋向有关。故此，当直系政权完成"法统重光"之后，他便电请孙中山终止北伐，结束护法。尽管此举招致一些南方国民党人的严厉指责，但他我行我素，自信此举合乎民意。

在北大任职的几年间，蔡元培基本是作为社会名流涉足国内政治，而较少顾及自己的党派身份，从而在许多问题上表现出相当大的自由度。他与梁启超等"研究系"要员时相过从，以至林长民提议另组新党，拥蔡、梁二人为魁首；他与吴佩孚系统的孙丹林等要员亦曾多次聚首，畅论时局，在一段时间内，他像许多人一样对吴佩孚寄予期待；王宠惠、罗文干、汤尔和等好友终于进入"好人内阁"秉政之后，他与北大同人更几乎成为"院外集团"，定期议政，出谋划策，以致被时人视为北京政界"新清流"；而苏俄代表越飞抵京，他又隐然代表国民党出面与之晤谈。总之，蔡元培这一时期的政治活动虽非主要方面，却也显得颇为活跃和复杂。

1922年的暑假，国内教育界人士齐集济南，举行中华教育改进社第一次年会。蔡元培作为该社董事向大会致开幕词，会议重点是讨论修改学制问题。9月下旬，北京政府教育部召开学制会议，审议和通过学校系统改革草案等议案，蔡元培又以会议主席身份主持其事。随后公布的新学制（即*壬戌学制*），较之民国初年的"壬子癸丑学制"有了很大的改进：小学由七年缩短为六年，义务教育暂以四年为准；注意地方实际需要，不作硬性规定；重视学生的职业训练和补习教育；课程设置和使用教材侧重实用；实行选科制和分科教育，兼顾学生升学和就业两种需要。同时，新学制还确定了普通教育的"六三三"制。此次教育改革所确立的改革标准中有"发挥平民教育精神""谋个性之发展"等项，这与蔡元培平素的教育主张十分吻合，显然他为新学制的制定和实施作出了自己的努力。

蔡元培任职北大的最后一个学期，是在十分困难的境况下度过的。整个8月，他与北京其他七所国立高校的校长一起同政府进行顽强交涉，力求解决教育经费问题。他切感"解决经费困难，实一最大而最重要之事"。因为，"开学在即，不名一钱，积欠在五月以上"。向政府索要欠款的同时，北大在经费开支方面也采取相应措施，其中规定向学生征收讲义费。此举导致一场学生直接抵制学校当局的风波。10月17、18两日学生代表数十人先后到会计课和校长室请愿，要求校方撤销征收讲义费的校令，蔡元培向学生耐心解释无效，双方形成僵局，学生意欲罢课，蔡则断然辞职，随后，北大其他行政人员亦连带辞职，校务陷于停顿。后经多方调解，蔡收回辞意，仍返校主政，历时一周的"北大讲义费风潮"始告平息。收费暂缓实行，学生冯省三却被开除。社会上对此次风潮议论纷纷,而个中情由及其苦楚,只有蔡元培等主要当事者体会最深切。在政治、经济状况不足以维持公益事业的社会环境里,求学难,办学尤难,人们大可不必苛求某一方面而任施褒贬。

1922年12月,北京大学创建二十四周年。17日,校内举行纪念会,蔡元培发表讲话,回顾和总结了这所最高学府的发展历程。他说:北大的二十四年可分三个时期。自开办至民国元年,为第一时期,在这十余年间,学校历经波折,其体制主要是模仿日本。开办之初,北京环境多为顽固派所包围,办学的人不敢过违社会上倾向,学校方针实行"中学为体,西学为用"。故教者、学者大都偏重旧学,西学方面不易请到好的教习,学的人也不很热心,很有点看作装饰品的样子。但是,中学方面参用书院旧法,考取有根底的学生,在教习指导之下,专研一门,这倒是有点研究院性质。自民国元年至民国六年,为第二时期,校长和学长率多为西洋留学生,加之国体初更,百事务新,大有完全弃旧之概。教员、学生在自修室、休息室等地方,私人谈话也以口说西话为漂亮。那时,中学退在装饰品的地位了。但当时的提倡西学,也还是贩卖的状况,没有注意到研究。自民国六年至今,是第三时期,校内提倡研究学理的风气,力求以专门学者为学校的主体,在课程方面也是谋求贯通中西,即如西洋发明的科学，固然用西洋方法来试验，就是中国固有的学问，也要用科学方法加以整理。这番讲话，概括地论述了北大的发展历史和各时期的特点，其中对他主持校政六年来学校所发生的变化也作了客观陈述。可以说，蔡元培对自己在北大的一番作为充满了自信。

在蔡元培发表上述讲话前一个月，北京发生了轰动一时的"罗文干案"。罗文干是北大兼职教员，曾在《我们的政治主张》上签名，时为所谓"好人政府"王宠惠内阁的财政总长。王宠惠内阁在政治上倾向于吴佩孚，招致直系军阀内部曹锟一派的不满，众议院议长吴景濂等迎合曹锟一派，诬指罗文干签订奥国借款展期合同有受贿行为，致使总统黎元洪下令将罗逮捕，造成内阁危机。经过近两个月的司法审理，1923年1月11日，罗被无罪释放。但军阀政客集团不肯罢休，候任教育总长（提名人）彭允彝竟献计提出复议，致使罗再次蒙冤入狱。目睹这种种政治阴谋和卑劣行径，蔡元培已无法忍受，他认为彭氏此举是蹂躏人权献媚军阀的勾当，而在情谊上又深信罗文干的为人和操守，为其打抱不平。于是与汤尔和、邵飘萍、蒋梦麟等人商议此事，均认为应有所表示，蔡元培遂于17日愤然提出辞职。

他在辞呈中说："数月以来，报章所记，耳目所及，举凡政治界所有最卑污之罪恶，最无耻之行为，无不呈现于国中。……元培目击时艰，痛心于政治清明之无望，不忍为同流合污之苟安，尤不忍于此种教育当局之下，支持教育残局，以招国人与天良之谴责。惟有奉身而退，以谢教育界及国人。"这可能是近代中国最直率、最能体现知识分子气节的一份辞职书。两天之后，他在各报刊出不再到校视事的启事，当即离开北京。随后，便发表了那篇著名的《不合作宣言》，向世人剖白心迹："我是一个比较的还可以研究学问的人，我的兴趣也完全在这一方面。自从任了半官式的国立大学校长以后，不知道一天要见多少不愿意见的人，说多少不愿意说的话，看多少不愿意看的信。想每天腾出一两点钟读读书，竟做不到，实在苦痛极了。而这个职务，又适在北京，是最高立法机关行政机关所在的地方。只见他们一天天地堕落：议员的投票，看津贴有无；阁员的位置，禀军阀意旨；法律是舞文的工具；选举是金钱的决赛；不计是非，只计利害；不要人格，只要权利。这种恶浊的空气，一天一天地浓厚起来，我实在不能再受了。"

在蔡元培看来，一个政府到了不可救药的地步，有德能的人便应离它而去，这即是不合作，持不合作立场的人多了，政府自然也就消亡了。他曾在不少场合宣扬这些高妙的道理，此刻则躬身实践其"不合作主义"了。这是一个正直的人在愤世嫉俗时所作的"自由主义"选择。不论外界舆论如何品评此举，北方的胡适撰文称赞也罢，南方的陈独秀指责其消极也罢，这一次，蔡元培是决心高蹈远引了。北大师生的"驱彭挽蔡"、北京政府的被迫"慰留"，只不过使他又保留了几年校长的名义，而北京大学的"蔡元培时代"至此则是无可挽回地结束了。

辞离之后

在近代教育史上，一所大学对其校长的信任和依赖程度之深以至于这个位置竟非他莫属的极端事例，似乎当属1923年初蔡元培辞去北京大学校长以后，在他与北大师生之间就去留问题所进行的"周旋"了。此一过程迁延数年，横贯蔡氏"暂居校长之名"的整个时期，直到1927年夏季奉系军阀入主北京"整合"国立各校，蔡元培的校长名义才在事实上不复保留。这一事例本身固然凸显出蔡校长革新最高学府取得成功，赢得师生拥戴，同时也显现出蔡氏秉持"个体自主"理念，寻求自由空间而摆脱外力羁绊的一面。

蔡元培自1923年1月18日晨离京（前一日提出辞职），至4月6日晚乘海轮南下上海，其间在天津暂住了两个半月之久。尽管他已经"萌生去志"，但是断然辞职离京后，尚需要观察后续事态的发展，当然也希冀局面有所转圜，必要时返京交接职务以及筹谋未来的行止,这些应是他一度滞留津门的原因。

蔡元培的辞职,引来北大师生新一波挽留校长的抗争,学生们罢课请愿,教师们函电交驰,北京教育界"驱彭挽蔡"一时间颇具声势。大总统黎元洪的态度饶有意味,对蔡、彭二位均予"慰留",彭氏进而正式履职。如此局面,使蔡元培返京之路被阻绝,至迟到2月底他便下定了远走欧洲的决心,随即向远洋客运公司询问赴欧的船期。这期间天津《益世报》也刊出《蔡孑民将乘桴浮海,津门不愿久留》的消息。3月下旬,北大总务长蒋梦麟、原教务长顾孟余等人来津与蔡元培面谈,显然他们的核心话题应是如何维持校长出走后的学校局面。不久,蔡离津赴沪,暂住在科举同年、商务印书馆主持人张元济寓所。

在上海,蔡元培首先联络国民党内的同志,先后与汪精卫、胡汉民等人聚谈。此时,在广州的孙中山委托北大教授石瑛(国民党人)转致蔡元培一函,请他来穗翊赞军政要务。蔡复函以儿辈将赴欧洲留学需要照料、自己拟撰一书须赴欧收求资料为由婉言推脱,内中特别提及:"现在军务倥偬,麾下所需要者,自是治军筹款之材,培于此两者,实无能为役。俟由欧返国,再图效力,当不为迟。"此刻,他婉言回绝孙中山的招请,显然仍是"自由人"的惯性在起作用。

在同盟会暨国民党内，蔡元培的资历和地位比较特殊，不过就人际关系而言，他与曾经旅居欧洲的吴稚晖、李石曾、汪精卫等人相对来往频密，在志趣上也有不少共同点。蔡元培辞离北大来到上海，安顿下来后首先拜访的就是汪精卫夫妇，他回复孙中山的信函也是托汪转交。稍后，汪精卫给回绍兴家乡小住的蔡元培发来一信，内称："兹有恳者，蒋君介石，为十余年之同志，现任大本营参谋处长。盖自六年以来，粤中军事计划，大半皆其手创，为中山先生军事辅佐之数一数二之人才也。去年丧母，曾托铭乞先生为作传略，铭迫于事，忽忽不果。今渠复申此请，铭前曾已为作墓志铭。以蒋君之为人，及其太夫人之贤行，似可不辱先生之笔墨。如承俯允撰就寄下，以便转交，不胜感荷。"蔡元培是否应汪氏所请为蒋母撰写了传略，如今已难以查考，但蔡开始知悉或留意党内"新秀"蒋介石其人，汪氏此信无疑起到了中介和提示的作用。蔡、汪何曾料想到，仅仅三年之后，他们的政治定位竟要以这位当年的"参谋处长"为其主要坐标了。不过，蒋氏"未发迹"时要透过汪向蔡老前辈讨"笔墨"，证明蔡、汪之间存在某种渊源关系，直至30年代中期汪精卫负气辞去行政院长避居青岛，蒋还求助蔡元培前往劝留，当然这已是后话。

在上海，蔡元培还访晤了国学大家王国维。4月末，蔡前往爱俪园访王不遇，留下一信，王见信来访，隔日蔡又回访，二人作一夕长谈。蔡日记载述："看静安，彼对于西洋文明很怀疑，以为不能自救（因我告以彼等已颇觉悟），又深以中国不能防止输入为虑。我询以对于佛学之意见，彼言素未研究。询以是否取孔学，彼说大体如此。彼以为西人之病根在贪不知止。彼以为科学只可作美术观，万不可应用于实际。"蔡的记载虽简略，却颇得精要。

同年晚些时候胡适也同王国维有一番深谈，胡适日记撮录王的观点与蔡所记相当地吻合。显然，王国维的西洋观与蔡、胡等"北大派"明显相左，但看重"学诣"的北大当局却从1918年始连续四年苦苦相邀，直至静安先生应允担任通讯导师。北大视王国维为纯正学者，其余在所不计；而王国维视北大为学术与政治的复合体，取舍两难，双方关系曲曲折折不甚自然，症结在此。蔡元培访晤王国维，固然是他"学术至上"理念的表现，也多少显现出蔡早年与罗振玉交好生发的情谊延展。

颇有意味的是，蔡元培这段时间游走于沪杭绍（兴）之间，为他的第三次婚姻和出国进行准备之际，已经向北大请长假而到南方修养的胡适又常常伴随其身边，蔡、胡交谊此时已经相当稳固。当然，如同历次负笈远行均需要商务印书馆在经费上施以援手一样，蔡元培计划中的欧洲之行，再次得到张元济预先支付的稿酬和薪水。

不过，北京大学师生挽留蔡校长的决心异乎寻常地坚定，来自北方的劝归活动始终如影随形地纠缠着企盼开始新生活的蔡元培。就在他离校的第二天，北大全体教职员大会通过决议：除蔡元培外，不承认任何人为北大校长。北大学生会更发表宣言称：倘若政府方面另行委派校长，"则唯有以极激烈之手段对付，誓以三千学子之热血，涤此大学历史之腥膻"。北大评议会对于走马上任的教育总长彭允彝采取了完全不合作的立场，"无日不以驱此恶物为职志"。据传，彭允彝曾先后试图由章太炎、章士钊、杨度等人取代蔡元培，却均未如愿。这一年的"五四"纪念游行，北大等校学生冲击并捣毁彭氏宅邸。面对如此"剽悍"的北大师生，政府当局只能"俯顺舆情"，保留蔡校长职务，不敢再有丝毫造次。

如此一来，留待解决的问题便是劝请蔡氏收回辞意，返校视事了。首要的急务是，在蔡回归之前如何维持校务？蔡元培辞职未获允准，对北大校政仍负有责任，也就不得不一再通过函电交代"善后"。4月间，他致电北大评议会，指定总务长蒋梦麟代理校长职务。蒋随即复电，坚称只肯作为蔡的个人代表留守校务，而"兹命代理，于学校、个人均感不易维持……惟长夜梦多,当求万全之计"。蒋梦麟显然不愿给政府方面以可乘之机,蔡只得同意。到了5月下旬,北大师生确切得知蔡元培将远走欧洲,又纷纷致电,恳切陈词,请其务必"打消游意",甚至在电文中出现了"至万不得已时,则虽以实力阻先生之登舟亦有所不辞"。可见教职员和学生们挽留蔡校长的殷殷之情。

6月中旬,彭允彝终于去职,北大师生分别派出代表陈启修、李骏等人"到浙迎驾",劝请蔡元培返校复职。面对时局的变化和师生代表的真情相劝,蔡元培本已坚定了的去意又呈现松动迹象,他表示"政局如有清明之端绪,则我于赴欧以前,一度进京亦无不可"。闻知此情,老友张元济迅即来函相劝:"知兄将有北京之行……今之政府,万无可与合作之理,能则摧灭之,扫荡之,否则惟有避之而已。兄前此辞去北大,弟所深佩,甚望能终自坚持也。"张元济早先亦是政治中人,作为"戊戌子遗"转而从事出版事业,身居沪上,与南方党人多有来往,对北方政局具有旁观之智。老友的提醒,促使蔡元培改变了主意。

此时,曹锟贿选丑剧徐徐启幕,贸然北返更非其时。于是,蔡只得违拗北大上上下下的好意,断然决定径直启程赴欧。张元济再来一函:"我兄北京之行,业经作罢,闻之甚慰。此时都中只可谓之无政府,迁流所极,恐尚有不止于摧残教育者。狂澜既倒，固非只手所能障而挽之也。"蔡元培身边有张元济这样的政治观察家在，其影响力不可小觑。

起程赴欧之前，蔡元培接连致函北大教职员、北大学生和北京国立各校教职员联席会议，提出了他的"根本解决"方案，"对于北大及其他北京国立各校之根本救济，鄙意宜与北京政府划断直接关系，而别组董事会以经营之……（*北大方面*）董事会未成立之前，拟请教务长、总务长与各组主任会设委员会，用合议制执行校长职务，并请委员会公推主席一人代表全权"，如此进行，"培一人之去，又何关轻重耶"？他告诫说："国立八校当此危险时代，若不急筹高等教育独立之良法，势必同归于尽。"而对于北大学生，他提出了十分具体的建议，"北大校务，以诸教授为中心。大学教授由本校聘请，与北京政府无直接关系，但使经费有着，尽可独立进行"，应别组董事会以维持和发展校务，"但董事会未成立之前，不能责诸教授为无米之炊，似可以学生诸君暂任之。姑以二千五百人计，若每人任筹三百元，即可得七十五万……培以为电报政策、群众运动，在今日之中国均成弩末。诸君爱国爱校，均当表示实力，请于维持母校一试之"。

蔡元培对于北京政府的极度失望，促成了"教育独立"（*具体表现为高等教育独立*）的构想和诉求，其中固然有受到欧美教育理念影响的因素，但此时提出这样的设想，却是被逼无奈所致。作为国立大学而与政府划断关系，另组学校董事会，可谓相当大胆之举，具有教育家和革命家双重经历的蔡元培，此刻凸显出其"革命魄力"的一面。不过，独立运作的董事会究竟能否组成，"民间人士"如何独力支撑国立大学，实在也属"大胆的假设"而已。至于在董事会成立之前，由学生出资筹措大致每年七十余万的学校经费，更属异想天开。殊不知，仅在半年前增收一元几角钱的讲义费尚酿成在社会上颇令北大当局尴尬不已的校内风潮，如今以"爱国爱校"相号召就能实现如此飞跃，而使诸教授可做"有米之炊"并保证校务运作如常？蔡先生一生理想色彩颇重，其成事在于此，其失败亦在于此。北大师生接获蔡校长的建议后作何感想，不得而知，但有了这番交代之后，蔡元培便于7月下旬"乘桴浮于海"，远走欧洲了。

蒋梦麟最初以蔡元培的个人代表身份代理校务，几个月过去，这种临时办法终不能没有期限。蔡在前述解决方案中提出用"合议制"代行校长权力，为他的北大同事们所不能接受，评议会决议：校长职务仍属蔡元培，蔡校长回校前，代理校长职责者，或由个人担任，或委诸集体负责，请蔡校长择其一决定之。蔡元培随即复函表态："元培愿取消前议（即合议制），主张请个人负责"，"仍请总务长蒋梦麟教授任之。蒋教授所任之总务长将满期，照章不能再连任。但现值危急之秋，骤易生手，必多窒碍。拟请修改校章，将总务长只准连任一次之条文删去。总务长代理校长期间，支校长薪俸"。北大评议会基本同意了蔡校长的主张，只是对校长薪俸作了如下决定：仍付蔡校长原薪600元，而以其中320元分给蒋梦麟教授。这样，蔡元培居校长之名、蒋梦麟代理校务的局面，就在"法度"和技术层面确定下来。

同年底，北京政府教育部发布部令："国立北京大学校长蔡元培在欧洲考察未回校以前，派蒋梦麟代理校长。"教育部以行政"追认"形式认可了北大的既成事实。其中蔡元培在欧洲考察一节，则是蒋梦麟运用行政智慧与教育部周旋"商洽"的结果，所援引的是北大教授连续任教五年可享受出国休假待遇的有关规定，其用心可谓良苦。蒋氏代理校长达两年半时间，适值政潮汹涌、办学艰难之时，梦麟虽无发展之力，却有维持之功，其间的繁难苦涩，不难想见。此段经历，造就了他日后连续担任北大校长十六年之久的厚重根基。

北大情结挥之不去

1923年8月末，蔡元培偕同家人到达巴黎。这是他第五次踏上欧洲的土地,与前几次旅欧不同的是,"五四"以后北京大学到此留学的教师和毕业生几乎构成了一个小小的华人社会。罗家伦、傅斯年等留学生陪同他到德、英等国出席会议及活动。其时,刘半农、朱家骅、陈启修等北大教员均在欧洲研修,蔡元培几乎沉浸在海外北大人的眷顾之中。蔡元培还结识了两位不凡的留学生——陈寅恪和俞大维,并为二人办理了将来到北大执教的预任聘书。这期间,他还接受北京政府教育部的委托,赴荷兰、瑞典出席世界民族学大会。蔡元培晚年的学术兴趣已经集中到民族学研究上来,为此他采纳德国学者的建议,迁居到此项研究条件较好的汉堡拟作专心研究。

1924年秋,北京政局发生激变,贿选总统曹锟黯然去职,与北大素有关系的黄郛出任总理并代行总统职权。北方政局出现转机,国内各派政治势力正在重新组合角逐政柄。随后,北大方面劝请蔡元培速归的函电便像雪片般飞来,蒋梦麟、顾孟余、李石曾等人及评议会力劝蔡校长返国。旅欧的北大师生也参加到这支劝归队伍之中,傅斯年、罗家伦均写来长信,刘半农则受命就近相劝。蔡元培只得以个人学术研究碍难中断为理由与之周旋延宕。他在回复傅、罗二人的信中相当坦率地剖白了心迹:

"关于北大之问题,弟(蔡谦称,下同)自忖精力实不能胜此繁剧，若以梦麟、石曾诸君任之，实较为妥当。校中同仁往往误以'天之功'一部分归诸弟，而视弟之进退为有重要之关系。在弟个人观察实并不如此，就既往历史而言，六七年前，国内除教会大学而外，财力较为雄厚者惟北大一校，且校由国立而住在首都，自然优秀之教员、优秀之学生较他校为多，重以时势所迫，激刺较多，遂有向各方面发展之势力。然弟始终注重在'研究学术'方面之提倡，于其他对外发展诸端，纯然由若干教员与若干学生随其个性所趋而自由伸张，弟不过不加以阻力，非有所助力也。即就'研究学术'方面而论，弟旁通多，可实未曾为一种有系统之研究，故亦不能遽有所建设。现在如国学研究所等，稍稍有'研究'之雏形者，仍恃有几许教员、几许学生循其个性所趋而自由伸张，弟亦非有所助力也。然而弟对于研究学术之兴会，乃随年而增进。孔子曰：'朝闻道夕死可矣。'无论有无成功，必欲尽一时期，一尝滋味。此次来欧，本已决脱北大关系而专心于此，后来因种种关系，不能不暂居其名。弟以为，既有其名，势不能闭门读书而不与外事，故对于教育事业或学术集会，不能不参与，事后思之深觉非计,自今以后,于此等关系亦将一概谢绝,惟对于北大居名而旷职,深为不安,当亦谋所以解决之,惟冀知我者能见谅而已。"

这应是迄今所见蔡元培离开北大以后对自己的大学校长经历进行回顾的最早文字,亦是他几乎未作润饰的内心独白,为了说明自己不愿再回北大的理由,他甚至对在最高学府的一番"作为"也直言无隐地道出了内心的真实感受。他这番向自己最器重的两位北大弟子所作的"真情道白",值得重视。

尽管蔡元培力求守护个人自由选择,但也不免陷入身不由己困境,以致不得不作些变通和妥协。到1925年初,他终于应允暑假临时回国返京一次,以处理蒋梦麟"深感束手"的种种难题,不过他提出附加条件:暑期后再"续假一年"。行期初订于5月间,后延至9月,又改为11月,最后动身返国已是12月中旬。从这个时间表可以窥知,北大方面望眼欲穿,锲而不舍;而蔡元培则一再延宕,进退两难。在回国路线的选择上,李大钊曾经建议蔡走陆路,顺便在苏联停留参观数日,并请苏方事先安排。蔡未予采纳,仍走海路,于1926年2月初返抵上海。

约一个月以后,上海《民国日报》披露了一则蔡给北京友人的电文:"去国数年,一旦返籍度岁,甚觉愉快。目前时局愈形紧张，拟暂不北上。"此时，南方国民党已准备兴兵北伐，南北关系自然"愈形紧张"。不久，吴佩孚在汉口接受英文《密勒氏评论报》主笔采访时称：中国有过激主义，始于孙文，北方则有蔡元培等人，年少之士被其所毒，必须加以遏制！此番言论经北京各报转载，似乎增加了蔡氏返京的难度。

不过，北大师生向蔡校长发出"促归"的声浪反而更高，连自称教课之外从不过问校事的周作人也致信蔡元培，对其滞留沪杭深表困惑："北大近三年来，无日不在危疑困顿之中，……先生似亦不便坐视，况实际此刻已至途穷日暮乎！"值得注意的是，周的来信还提道："教授治校，此为北大之特长，使校长不妨暂离之原因。但以个人观之，成绩亦未可乐观，如教务长与总务长不能兼任，载在章程，最近改选教务长，乃即由现任总务长当选兼任，该项章程，在此次选举似已不发生效力，故北大法治之精神实已有疑问。不得不望先生之来而加以补救者也。"

这里就触及北大内部深层次的问题以至人事纠葛了。联想到前述蔡校长为了适应非常之需，而提议删去校章中总务长只能连任一次的条文之举，宽容民主如蔡先生尚且如此灵活地视现实需要而改动他自己主持制定的章程条文，他人又如何能够确保学校法规执行中的庄严与严肃呢？看来，中国大学的法治之路还相当漫长。北大"非蔡元培不可"的现象说明，所谓"教授治校"还仅仅处于萌芽状态，还未成熟。蔡元培以胃病发作暂难北上等语回复周作人。以后来的情形观察，周对蔡大失所望，以至两年后在北平大学区风潮中暗持"反蔡"立场。

感到失望的不仅是周作人，胡适亦有同感。蔡元培回到上海不久，即与南来的胡适会面。胡适北返后，不断致函蔡元培，促其返校，又托丁文江就近催促，甚至以若迟迟不来将"丧失资格"相警示。这期间，北大方面曾以评议会名义函告蔡校长："本校经费，积欠已达十五阅月之久，最近三数月，校费之枯竭，尤为历来所无"，俄国退还庚款，为数甚巨，可用来接济国立各校，"先生为俄款委员会之委员长，如能及时北来，进行此款，益以蒋梦麟先生及其他本校同人之辅助，大概可望成功"。显然，北大同人此时迎请蔡元培回校，已经抱有具体目的：由他出面促成以俄款救济嗷嗷待哺的北大及国立各校。酝酿此事者，应当主要是蒋梦麟，胡适肯定亦参与其间。6月下旬，胡适再次致函蔡元培，"报告各难得教员纷纷他就之警讯"，其中钢和泰先生亦可能将一去不还，因此请蔡先生以"从井救人"的气度迅即北上。然而，蔡元培对于所谓"俄款委员会之委员长"一事并不了解内情，对蒋梦麟等人饥不择食过于热衷取得俄款也持保留态度，更为关键的是，北京政府又在谋划以他人取代北大校长位置，将蔡排入"先辞职"或"待免职"之列。故而，蔡元培采取主动，于该月末正式提出辞职。他给胡适的复信中申诉自己的主张，一再请"求恕弟之罪"，称："弟对于先生不敢不求谅解，而其他则毁誉听之，不愿与辩也。"从中可知，蔡氏再次辞职，原因复杂，使得北大一些人感到失望也是实情。

蔡元培的辞职，又一次使北大动荡起来，教职员代表钟观光、谭熙鸿专程南下坚请蔡取消辞意，北京教育部面对各方压力也只得表示"慰留"。最后竟形成这样的默契：蔡不再坚持辞职，而北大也不再催促蔡返校，北京教育部则不轻易触动北大校长这个"敏感地带"。如此这般，蔡元培"暂居校长之名"的状况又延续了一年……事实上，蔡元培此时的工作重心已经转移，奔走于江浙地区策应国民党北伐，重新回归其政治生涯。因而，有一种说法认为蔡有"弃职北大之嫌"。然而，不论怎样，蔡元培虽然离开了北大，而他的治校精神却永远留在了北大，这是毫无疑问的。

当年章太炎曾评论说，蔡元培自民国以来，"国安则归为官吏，国危则去之欧洲"。近年人们的议论则表现出更多"同情之理解"：蔡先生乃理想主义者，他的抱负，大到济世明道，小到自己的学术志向，似乎挫折多于实现。

第 4 章

著述和思想

蔡元培一生主要从事教育、科学、文化事业的组织和领导工作，其学术方面的著译大体是在欧洲留学期间完成的，就他的总体活动而言，位于第二。但蔡本人主观上始终以钻研学术研究为职志和夙愿，只要条件允许，便锲而不舍、乐此不疲。这便使得他对于近代学术的发展现状和趋势，以及学术自身的内在规律有着广泛而深切的体验，可以说，他在近代中国文化学术进程中的作为和建树，基本得力于此。蔡元培的学术兴趣相当广泛，几乎达到了"以一事不知为耻"的程度，因而在中西学术方面涉猎的学科十分庞杂。然而认真考察也不难发现，他所特别感兴趣的学科基本衍生于哲学这一门类。从 19 世纪末开始阅读西方文化典籍，到 20 世纪最初几年，他对哲学问题产生浓厚兴趣。他选择到德国留学，主要是出于德国乃近代哲学诞生地之考虑。他曾先后翻译多本哲学导论性质的著作，向国人介绍西方哲学流派及观点。后来上海《申报》馆庆祝建馆五十周年而出版《最近五十年之中国》特刊，蔡特为之撰写《五十年来中国之哲学》一文，反映了他对哲学问题的长期关注和深刻见解。由对哲学的偏好，而发展为在伦理学、美学乃至美育等方面的研究兴致，形成相关学术成果，并产生一定的社会影响。不妨说，由哲学而伦理学、而美学，是蔡元培生平治学的主要轨迹。

当然，也有例外。蔡氏晚年笃好民族学，多次撰文介绍该学科及其研究方法，在一定程度上表现出一种兴趣性跳跃。至于其秉承中国旧学余脉而展现于学术成果者，则是那部实际尚未完成的《石头记索隐》。

蔡元培研治学术，有着十分明显的一些特点。首先，其治学大体是为其教育实践供给理论依据和养分，不论是伦理学译著，还是介绍美学和倡导美育，均与近代中国新教育的发展息息相关。其次，刻意追求使中西学术文化精华合于一体，即是说，在学术观念上无中西优劣之抽象评判，但取各自合理成分而融合之。再次，其治学方法尚未摆脱清代学者之窠臼，除一般介绍西洋学术之外，以科学方法整理国故的设想难以形成学术实绩，故学术影响终于局限不彰。

《中学修身教科书》和《伦理学原理》

清朝末年，欧风美雨袭入华夏古国，千古不易的伦理道德观念开始受到西洋思想的强劲挑战。社会道德在多元价值观的作用下呈现失衡状态，首先在知识界和青年中传统伦理道德与欧美价值观念发生碰撞，人们深感困惑和迷惘。有鉴于此，文化教育界有识之士力谋构架新的道德体系，以适应时代变迁。1899年，戊戌变法失败后退居上海的张元济曾与来华访问的日本学者内藤湖南有过一次晤谈。这两位东方学者一致认识到：要培养人才，首先必须兴办学堂，在形成知识分子的伦理道德方面，则应首先关注学校里的学生。其后，张元济投身商务印书馆，在编辑出版新式学堂教科书方面，尤其注重修身教科书的编写和出版。此时，正在从事教育工作的蔡元培与张元济抱有同样志向，他甚至具体地提出将西洋的自由平等观念与中国传统道德中的可取成分加以有机结合，他这个时期编选的《文变》一书，实际上就体现了上述宗旨。故而，蔡元培、张元济等人共同承担了商务印书馆的修身教科书编写工作。可以说，这是蔡元培涉足近代伦理学的外在诱因。

蔡元培负责编撰的《中学修身教科书》共计五册，是他先后在国内和德国写成的，于1907和1908两年陆续出齐。这套修身教科书"悉本我国古圣贤道德之原理，旁及东西伦理学大家之说，斟酌取舍，以求适合于今日之社会"。全书分为上、下两篇：上篇计有修己、家族、社会、国家、职业五章，侧重于实践伦理的阐释；下篇则重点介绍西方近代伦理学理论，诸如良心论、理想论、本务论、道德论等。从内容上看，这套成书于清代末年的修身课本，仍大体上贯穿了儒家伦理实践的传统，在修身齐家、交友处世诸多方面向人们提供了古道可风的君子仪范。值得注意的是，在论及个人与国家的关系时，蔡元培引入了西方近代国家观念，强调个人对于国家既有应尽之义务，也有应享受之权利，"人之权利，本无等差""国家者，非一人之国家"。这里"天赋人权"的平等观念和否定专制政体的强烈意识是显而易见的。书中还大力张扬"博爱"思想，反复申述："博爱者，人生最贵之道德也。人之所以能为人者以此。""博爱者，人生至高之道德。"并且，以儒家经典中早已为世人稔熟的格言古训比附证明，使这一思想易于为国人所接受，以此作为统率人际关系的原则。书中还提出了一些十分新颖的伦理道德观念，例如该书开篇即揭明："凡道德以修己为本，而修己之道，又以体育为本。"如此重视体育的作用，在以往的修身教育中尚不多见。蔡元培的《中学修身教科书》在清末乃至民国初期曾为各类学校广泛采用，书中所体现的混合型伦理观念对新、旧过渡时代的中国社会还是颇为适宜的。

继《中学修身教科书》之后面世的《伦理学原理》一书，是蔡元培向国人系统介绍西方近代伦理学理论的一部有影响的译著。该书著者是德国近代著名哲学家、伦理学家和教育学家弗里德里希·泡尔生（1846～1908），这位一生大部分时间在柏林大学从事教学和著述的学者，以其《伦理学体系》一书而扬名近代伦理学界。该书共分四编：第一编为人生观与道德哲学的历史纲要；第二编阐释伦理学体系的基本概念和原则；第三编为德性与义务论；第四编为国家和社会理论纲要，主要论述作者的社会学和政治学观点及其对合理的社会生活方式的见解。这部著作问世不久，美国、日本等国便先后出版了节译本。蔡元培留学德国期间，参照日译本和德文原著，将其中的序论和第二编译为中文，是为《伦理学原理》一书。蔡元培选译此书，是信服著者在动机论和功利论这两种观点之间所持的折中立场，以及该书阐发学理的"平实风格"。《伦理学原理》一书较为系统地阐释了西洋近代伦理学的基本概念和原理，对诸如善恶、目的论与形式论、快乐主义和自我实现、悲观主义、灾难与神佑、义务与良心、利己主义与利他主义、道德与宗教以及意志自由等理论问题作了深入浅出的论述，堪称近代中国人了解西洋伦理学观念的精良读物。著名学者和教育家杨昌济在长沙第一师范学校执教时即将这部译著作为教科书，青年毛泽东获读此书，曾写下万余言的笔记。可知，《伦理学原理》一书在清末民初的中国学界颇受重视。

在翻译泡尔生的伦理学著作之后，蔡元培又译述了日本人木村鹰太郎的《东西洋伦理学史》一书。他发现，日本学者在论及中国伦理思想史时有不够准确和错讹之处，而自古伦理观念素称发达的中国，竟没有一部伦理学史，这不能不令人引为憾事，于是决定自己动手编撰《中国伦理学史》。他在这部书的前言中称："吾国夙重伦理学，而至今顾尚无伦理学史。迩际伦理学界怀疑时代之托始，异方学说之分道而输入者，如桀如烛，几有互相冲突之势。苟不得吾族固有之思想系统以相为衡准，则益将旁皇于歧路。盖此事之亟如此。"的确，古代中国的伦理观念早在《尚书》中即有记载。此后，儒家学说占据主导，一套相当完备的伦理观念系统便随之渗入人文民俗之中，历代学者不断阐发己见，不同流派贯通衍替，伦理道德之说在两千余年的历史中长盛不衰。这方面的文字材料可谓汗牛充栋，俯拾即是。然而，中国学术分科宽泛，伦理思想主要附归于哲学、政治学之中，从未独立分科，自成体系。建立独立的伦理学科，显然是受西洋学术的影响和启示。重视道德教育而又对中国旧学谙熟于心的蔡元培，在欧洲学术文化的强烈影响下，首先来挖掘和梳理祖国伦理思想素材，进行开发性尝试。需要指出的是，在异国伦理学说相继涌入的情势下，蔡元培非但没有舍弃中国固有的传统文化道德，反而视整理民族伦理遗产为当务之急，不如此便难以救助一代青年"旁皇于歧路"的困扰。在他看来，"近二十年间，斯宾塞尔的进化功利论，卢梭之天赋人权论，尼采之主人道德论，输入我国学界。青年社会，以新奇之嗜好欢迎之，颇若有新旧学说互相冲突之状态"。而他所做的工作，实质上是通过梳理传统伦理素材，以证明中国固有的伦理道德在很大程度上与近代西方的价值观念具有相通性，从而融合、折中中西伦理观念，构建适应新时代的道德体系。这应当是蔡元培编撰《中国伦理学史》的深层动机。

《中国伦理学史》

《中国伦理学史》一书计有十余万字，它从"唐虞三代伦理思想之萌芽"写起，一直介述到清代中期戴震、俞正燮等人"渐脱有宋以来理学之羁绊，是殆为自由思想之先声"为止。其间，将中国伦理思想的发展历程分为三个时期，即先秦创始时代、汉唐继承时代和宋明理学时代。蔡元培认为,中国古代文化暨传统伦理观念在周代即已十分完备,诸子各家所分别阐释的伦理道德观实从不同侧面反映了唐虞三代以来由实践伦理向理论伦理的归趋和飞跃。这些人伦理想的集中展示,便是儒家学说的不断成熟和系统化,因为这派学说在当时"足以代表吾民族之根本理想"。汉代以降至唐,虽然出现不少思想家,但基本是演绎儒家学说之大义,独立的创见并不多。魏晋时期的"玄学清谈"明显地具有佛老色彩,但并不能撼动儒家独尊的地位。总观汉唐时期的伦理学,"学风最为颓靡,其能立一家言,占价值于伦理学界者无几焉"。关于宋明理学时代,蔡元培认为,这时的学者已受到佛老二家闳大幽渺之教义的濡染,他们虽已对齐梁以来的靡丽文风生厌,但并不回复到汉儒解经的传统之中,而是在遵从儒家大义的基础上,另辟新径,"竟趋于心性之理论,而理学由是盛焉"。以实践伦理论之,至宋明理学产生,儒家的道德规范才最终凝练为"普及的宗教",具有一种难以悖逆的思想威势,后代虽不乏博学明敏之士,却大多难以挣脱理学范围,这种限制思想发展的负面作用,在很大程度上消减了中国社会的内部活力。此种情状,进入清代以后才渐趋弱化,戴震等学者忤逆道理学的言论,昭示着中国伦理思想进入了一个新的发展时代。

《中国伦理学史》简明概略地介绍了中国历代伦理思想家的生平和学说，并十分重视处于相同时代的思想家之间的比较和联系。书中较为集中反映作者观点的部分，是对每位历史人物及其观点概括介绍之后所写的"结论"。可以说，各章节后面的"结论"是该书的特色和精华所在。当记述先秦时代伦理思想尚处于萌芽阶段时，蔡元培敏锐注意到，"家长制度"在中国伦理社会中的基源作用。他写道："家长制度者，实行尊重秩序之道，自家庭始，而推暨之以及于一切社会也。一家之中，父为家长，在兄弟姊妹又以长幼之序别之。以是而推之于宗族，若乡党，以及国家。君为民之父，臣民为君之子……各位不同，而各有适于其时其地之道德。"正是由家长制度而衍生出先秦时期的尊卑秩序，决定了人们相应的道德规范和社会政治伦理关系。当然，这种社会伦理在特殊状态下亦有例外，其明显的一例便是"汤武革命"。蔡元培认为："夏、殷、周之间，伦理界之变象，莫大于汤武之革命。其事虽与尊崇秩序之习惯若不甚合，然古人号君曰天子，本有以天统君之义，而天之聪明明威，皆托于民……故获罪于民者，即获罪于天。汤武之革命，谓之顺乎天而应乎民，与古昔伦理，君臣有义之教，不相背也。"在这里，蔡元培不仅一般地揭示了古昔的伦理观念，而且突出强调了儒家的"民本"思想。

在评述先秦诸子各家的伦理观念时，蔡元培从历史的角度对儒家的社会伦理观持基本肯定态度，他尤其赞赏儒家学说在实践伦理方面采取的调和折中立场。他认为，儒家学说，虽其哲学之阔深不及道家，法理之精核不及法家，人类平等之观念不及墨家，但儒家之言，本诸周公遗义，又兼采唐虞夏商之古义而调理之，在实践上抱持折中主义。如"推本性道，以励志士，先制恒产，乃教凡民，此折中于动机论与功利论之间者也；以礼节奢，以乐易俗，此折中于文质之间者也；子为父隐，而吏不挠法，此折中于公德私德之间者也；人民之道德，禀承于政府，而政府之变置，则又标准于民心，此折中于政府人民之间者也；敬恭祭祖而不言神怪，此折中于人鬼之间也"。儒家学说的广泛适应性及其理性特征，成为社会多数人可以接受的思想观念，而终于成为"吾族伦理界不祧之宗"。蔡元培对于儒家伦理观中折中性的肯定，并非只限于清末时期的一时认识，至30年代，他在《中华民族与中庸之道》一文中更加突出了上述观点，该文中称："在儒家成立的时代，与他同时并立的，有极右派的法家，断言性恶，取极端干涉论，又有极左派的道家，崇尚自然，取极端放任论。但法家的政策，试于秦而秦灭；道家的风气，试于晋而晋亡……（至汉）武帝，即罢黜百家，专尊孔子，直沿用至清季。可见极右派与极左派，均与中华民族性不适宜,只有儒家的中庸之道,最为契合,所以沿用至二千年。"姑且不论文中的现实含义所指,只就其论史而言,可知他在伦理学史中对儒家所具折中性的肯定性评价是前后一致,具有思想根基的。这一点,在蔡元培的学术思想研究中颇值得重视。

当然,具体到先秦诸子,蔡元培的评论是比较客观的。他认为,孔子是将中国的伦理思想全面加以总结、阐发的"集大成者",但对其某些思想则仍需分析鉴别。他指出:"孔子之言忠恕,有消极、积极两方面,施诸己而不愿,亦勿施于人。此消极之忠恕,揭以严格之命令者也。仁者,己欲立而立人,己欲达而达人。此积极之忠恕,行以自由之理想者也。"可见,蔡氏论及孔子学说,是抱着分析的态度,并非统而赞之。《中国伦理学史》对于老子及道家学派,评价不高,蔡元培认为,"老子之学说,多偏激,故能刺冲思想界,而开后世思想家之先导。然其说与进化之理相背驰,故不能久行于普通健全之社会,其盛行之者,惟在不健全之时代,如魏晋以降六朝之间是已"。他还认为,老子以至巧之策而精于处世之法,"此其所以为权谋术数所自出,而后世法术家皆奉为先河也"。至于墨子,蔡元培则从近代价值尺度给予充分评价,他称墨子为科学家、实利家,其兼爱而法天,颇近于西方的基督教,其所言名数质力诸理,多合于近世科学,"墨子偏尚质实,而不知美术有陶养性情之作用,故非乐,是其蔽也。其兼爱主义则无可非者,孟子斥为无父,则门户之见而已"。关于法家,蔡元培认为,法家之言,"以道为体,以儒为用",开启法家学脉的管仲,首先揭明道德与生计的关系,对于伦理学界有重大价值。法家之集大成者韩非以法律统摄道德,不复留有余地,"故韩非子之说,虽有可取,然其根本主义,则直不容于伦理界者也"。

在总结先秦时代的各家伦理思想时,蔡元培从理论伦理角度作了一个概论。他写道:"老子苦礼法之拘,而言大道,始立动机论,而其所持柔弱胜刚强之见,则犹未能脱功利论之范围也。商君、韩非子承管子之说,而立纯粹之功利论,庄子承老子之说,而立纯粹之动机论。是为周代伦理学界之大革命家。"然而,"其时学说,循历史之流委而组织之者,惟儒、墨二家"。显然,这是中国人接触西方近代伦理学说以后,对自己的思想祖先所作的首次学理上的分类,尽管在某些方面还嫌简略笼统,但中国古代伦理思想毕竟借此而有了一个可资人们考鉴的认识体系,这不能不说是近代文化建设中的一桩益事。

《中国伦理学史》对汉代以后伦理思想的发展脉络进行了描述,其中写道:汉代学者,为先秦诸子之余波,唐代学者,则为宋代理学之椎轮;宋代程颢、程颐兄弟虽师法于周敦颐，然其学派亦有分野，"盖明道者，粹然孟子学派；伊川者，虽亦依违孟学，而实荀子之学派也。其后由明道而递演之，则为象山、阳明；由伊川而递演之，则为晦庵"（明道，即程颢；伊川，即程颐；象山，即陆九渊；晦庵，即朱熹。以下之横渠，即张载；濂溪，即周敦颐）。蔡元培还特别比较了程氏兄弟以及朱熹与陆九渊之间在各人性情、理气观念等方面的异同。论及朱熹，他指出："朱子偏于道问学，尚墨守古义，近于荀子。……朱学平实，能使社会中各种阶级修私德，安名分，故当其及身，虽尝受攻讦，而自明以后，顿为政治家所提倡，其势力或弥漫全国，然承学者之思想，卒不敢溢于其范围之外。"他进一步分析说："晦庵学术，近以横渠、伊川为本，而附益之以濂溪、明道。远以荀卿为本，而用语则多取孟子。于是用以训释孔子之言，而成立有宋以后之孔教。"故此，宋之有朱熹，犹周之有孔子，"皆吾族道德之集成者"。蔡元培认为，朱熹的学说，承袭了中国往昔思想的主流，与我族大多数之习惯相投合，尤其适于权势者利用，因而依凭科举制度盛行于明代以后。然而，"朱学近于经验论，而其所谓经验者，不在事实，而在古书，故其末流，不免依傍圣贤而流于独断"。及至清代，士人热衷考据，"其实仍朱学尊经笃古之流派，惟益缩其范围，而专研诂训名物"。到这时，新思想的产生益加困难，传统伦理观念已接近于定型和僵化。因此蔡元培对于众多的清代学者，只选取了黄宗羲、戴震和俞正燮三人加以评介。

清代以来，黄宗羲、戴震二人的思想颇有特色和影响。人们对此已有相当的关注。蔡元培依据黄氏《明夷待访录》中《原君》《原臣》二篇，评价黄为唐以后正确阐发君臣大义之第一人；关于戴震，则指明其所著《原善》《孟子字义疏证》中涉及伦理学的内容，认为戴氏之"特识，在窥破宋学流弊，而又能以伦理学之方式证明之"。多少有些不寻常的是，蔡元培将清代中期学者俞正燮特别列出，而与举世公认的两位思想大家并提，这适足体现了蔡元培编著《中国伦理学史》所具有的价值取向。

俞正燮，字理初，安徽黟县人，生于清乾隆四十年（1775），卒于道光二十年（1840）。他生长于书香门第，自幼聪颖好学，"性强记，经目不忘"，20余岁时离乡出游，足迹遍及黄河两岸、大江南北。这位博学强记、见多识广而又性格耿介的学者，属于乾嘉考据学派的晚流，其学术成就没有前期考据大师的恢宏博大，但其考据范围较前人广泛，其考据的细密程度亦更为精深。所以梁启超说他"长于局部考证"。俞正燮经历了清王朝由盛转衰的社会变化，饱读经史的学力和"足迹半天下"的阅历，使他对种种社会弊端具有清楚认识。从其所著《癸巳类稿》及《存稿》中考证题目的选择和直抒胸臆的真知灼见便充分证明了这一点。这样，他的治学态度就从纯粹"汉学家"的立场发生一定程度的游离，多少带些"经世致用"的色彩，清人张穆就曾赞他既有"宏通淹雅之才"，又有"陈古刺今之识"。在俞氏《癸巳类稿》及《存稿》中，关于妇女问题的考证和议论十分引人注意，其中的男女平等思想及为妇女鸣不平的许多见解与封建伦理道德大相径庭，被视为是"发千载之覆"的议论。鲁迅曾经在《病后杂谈之余》中写道：有史以来，中国人身受过非人类所能忍受的苦难，"每一考查，真叫人觉得不像活在人间。俞正燮看过野史，正是一个因此觉得义愤填膺的人"。俞正燮在《节妇说》《贞女说》《妒非女人恶德论》《女子称谓贵重》《女吊婿驳义》《尼庵议》《娣姒义》《书旧唐书舆服志后》等篇中，对千百年来歧视妇女的道德、风俗、观念等大胆提出异议，用精严的考证说明上古时代男女平等的事实，从人道的角度论证理学道德规范的不合理和"非人性"，启迪人们改变此种不公平的社会现象。

蔡元培认为，"凡此种种问题，皆前人所不经意。至理初，始以其至公平之见，博考而慎断之。虽其所论，尚未能为根本之解决，而亦未能组成学理之系统，然要不得不节取其意见，而认为至有价值之学说矣"。因此，在《中国伦理学史》中，他将历来不被世人注意的俞氏言论予以介绍，作了十分可贵的思想资料的挖掘和充分评价。蔡晚年回忆自己青年时期的读书生活时指出："自《易经》时代以至清儒朴学时代，都守着男尊女卑的成见，即偶有一二文人，稍稍为女子鸣不平，总也含有玩弄的意味。俞先生作《女子称谓贵重》等篇，从各方面证明男女平等的理想。……我至今还觉得有表彰的必要。"蔡元培对于俞正燮的推崇，主要是因为他认为俞氏能够"认识人权，认识时代"，勇于突破宋代理学的思想樊篱，其思想底蕴已颇接近于近代西洋伦理价值观念，在茫茫中国古代思想界堪称凤毛麟角。虽然，俞氏仅仅发出了一些就事论事的独特议论，思想深度和理论体系均还谈不上，但他所表现出的鲜明倾向，却具有十分可贵的伦理价值，代表了中国社会的一种理性的人道主义认识。蔡元培在《中国伦理学史》中特予记述，恰恰表明了他与俞氏在思想上的一致性。蔡元培生平致力于女权的提倡，奋力推进中国的男女平等进程，与他受到俞正燮伦理思想的影响大有关联。

在《中国伦理学史》的结尾处，蔡元培不无感慨地论述到包括伦理思想在内的中国学术文化的长期停滞、难以与时俱进的问题。在他看来，"我国伦理学说，以先秦为极盛，与西洋学说之滥觞于希腊无异"。此后，西洋学术文化不断发展，其成就已远非古人所能及。而中国自汉以后，思想之

"大旨"不能超出儒家的范围,即使以朱熹的勤学,陆九渊、王阳明的敏悟,戴震的精思,其学术所得亦不过尔尔,终难有突破性创见。他认为,产生这种现象的原因有四:一、无自然科学以为之基础;二、无论理学以为思想言论之规则;三、政治宗教学之结合;四、无异国之学说以相比较。印度的佛教虽闳深,但其厌世出家之法,与我国通行的实践伦理不甚相合,因而不能产生根本性影响。蔡元培预计,随着西方学说的传入,思想自由的空气不断浓厚,中国传统思想与新观念的碰撞和融合,将会造就出新的伦理学说,这是毋庸置疑的。

《中国伦理学史》是一部开创性著作,它以近代西方伦理学观点为主导,对中国两千余年的思想史料进行了提纲挈领的整理和论述,成为清末民初中国新文化建设中一件颇有意义的工作。1937年商务印书馆将此书列入"中国文化史丛书"第二辑,重新印行。在很长一段时间里,这部著作是中国伦理学研究方面的唯一成果。诚然,该书以日本学者的著作为蓝本,在一些地方留有编译的痕迹,但蔡元培作为中国旧学的饱学之士,又有机会充分接触西洋伦理学说,因而该书青出于蓝而胜于蓝,不仅修正了日本学者所著书中的错讹,而且对古代思想学说点评比较,又有所充实,具备了自己的特点。正因如此,1941年日本学者将该书译成日文,在日本出版。蔡元培当年编撰这本《中国伦理学史》，是为学校伦理教学提供参考书，"故至约至简"。今天看来，该书只是相当粗略地描摹了中国伦理思想的发展脉络，但它确乎为此后的有关研究开辟了一条路径。

哲学发凡

在蔡元培一生所发表的较为系统的文字中，有关哲学的内容最多，其中主要是译述。如果说，他的关于伦理学方面的著述还只是集中在民国之前完成的话，那么，对于西方哲学的介绍和对中国哲学的阐释则贯穿于他的中年和晚年，即令在他对于美学的兴致极高之时，也不曾中断对于哲学问题的关注，垂暮之年，他还兴致勃勃地为青年刊物撰写《怎样研究哲学》的文章。本来，不论是伦理学抑或美学理论，均涵盖于哲学范畴，离不开哲学这个学科基础。因此，说蔡元培平生学术的根基是哲学，大致是不会错的。

引发蔡元培对于哲学问题产生兴趣的，应当是他早年"寝馈其间"的中国旧学经典。自中年之后，大量阅读西学译本书，使他对于近代西洋哲学萌生倾慕之心。追本寻源的求知热望，推动着他谋求留学德国的机缘。他所翻译印行的第一本书便是德国学者科培尔的《哲学要领》，其时，他正在青岛躲避"《苏报》案"的风波并准备赴德求学。

为什么要译述这本书？蔡元培在该书序言中谈到他的本意时说：时当新旧过渡，各类学说樊然并峙，哲学方面自有不同流派，倘断章取义，难免误入迷津。"初学者不得正宗之说以导之，将言唯物而诋纯正哲学之蹈空、言唯心而嗤物质文明之为幻，言有神而遂局古代宗教之范围，言无神而又以一切宗教为仇敌。门径既误，成见自封，知之进步，于焉窒矣"。有鉴于此，他选译了德国科培尔在日本文科大学的授课笔记。在他看来，科氏所言"皆以最近哲学大家康德、黑格尔、哈尔妥门诸家之言为基本，非特唯物、唯心两派之折中而已。其所言神秘状态，实有见于哲学、宗教同源之故。而于古代哲学，提要钩元，又足以示学者研究之法，诚斯学之门径书也"。

20世纪初，西洋哲学在中国还属相当生疏的新学，即使在开新较早的上海学界，对于诸多哲学概念、学说及其相互关系亦处于一知半解的朦胧状态。要使国人较为全面了解西方哲学的历史和现状，提供一部相对严谨而通俗的入门书无疑十分必要，蔡元培适时地做了这项工作。《哲学要领》一书比较系统地介绍了西方哲学的基本理念、学术类别、研究方法及派别体系，从古希腊哲学家的学说到近世欧洲哲学的各种理论，均作论列，其中尤其详述归纳法、类推法、演绎法和辩证法的各自特点，对学习和研究西洋哲学颇有助力。蔡元培最初译述此书虽较为粗糙，但后来经过修订，由商务印书馆先后出至七版，可见该书还是受到社会欢迎的。

此后，蔡元培还翻译了一部分量颇大的学术著作，这就是日本学者井上圆了的《妖怪学讲义》。井上圆了曾在日本创办一所哲学学校，潜心致力于哲学研究和教学活动。他的著述比较适合东方民族的求知心理，其著作在20世纪初的中国读书界颇为流行。《妖怪学讲义》采用近代科学原理解释自然界种种奇异现象，又通过生理学和心理学的知识说明人类的各种异常精神感觉，将人们视为"妖怪"的现象逐一求得科学解释，堪称一部新奇之书。虽然此书并非哲学专著，但其内容涉及人类的认知心理和过程，与哲学问题有不少联系。蔡元培翻译了该书总共八大卷中的绝大部分，交杜亚泉在上海开办的亚泉学馆付梓。不意因学馆失火，书稿大部被焚，仅先行排印的总论部分得以保存，遂改由商务印书馆出版。这便是1906年8月印行的《妖怪学讲义总论》。值得一提的是，井上圆了的书在当时有多种中译本，章太炎、何琪等人亦曾对此书进行翻译，可见该书受重视的程度。蔡元培对此书的译述，是他赴德国留学之前所进行的一项重要文字工作。

进入民国以后，蔡元培还曾应商务印书馆之约，先后编译了两本哲学导论性书籍，作为师范学校的教科书。一本是1915年出版的《哲学大纲》，一本是1924年出版的《简易哲学纲要》。两书均是蔡元培旅居欧洲时所完成的，而依据的蓝本又都是德国哲学家的著作。在德国四年的留学生活，以及后来数次旅居欧洲，使蔡元培的学术视野大为拓展，广泛接触西方哲学著述和学者，使他对现代哲学的认识和理解不断深化，在借鉴和比较中，开始形成自己的某些固定见解。这些，都不同程度地反映在上述两本书中。

《哲学大纲》和《简易哲学纲要》虽然主要是依据李希脱尔、泡尔生、冯特和文德尔班四人的有关著作编译而成，但蔡元培同时兼采的其他哲学著述却相当广泛，在论述过程中又往往加入他自己的观点，故而，可以说这两本书所体现的学术水平和素养，与先前译述的《哲学要领》一书已不可同日而语，尽管它们均以哲学入门书的形式出现。《哲学大纲》中"宗教思想"一节，蔡元培便表达了他那"真正之宗教，不过信仰心……凡现在有仪式有信条之宗教，将来必被淘汰"的宗教观。在《简易哲学纲要》自序中，他告诫"初学哲学的人，最忌的是先存成见，以为某事某事，早已不成问题了。又最忌的是知道了一派的学说，就奉为金科玉律，以为什么问题，都可以照他的说法去解决；其余的学说都可以置之不顾了。入门的时候，要先知道前人所提出的，已经有哪几个问题。要知道前人的各种解答,还有疑点在哪里,自己应该怎样解答他。这一本书,大半是提出问题与提出答案中疑点的,或者不至引入到独断论上去"。可见,这两本书确乎是"引人研究哲学之作"。两书的章节框架大体相同,但由于其所据底本出版时间相隔约二十年,故学术观点的时代性还是存在一定差异的,这也反映出蔡元培治学的进取精神。

那么,蔡元培何以要一而再、再而三地编写哲学入门读物呢?这与他对中国近代学术的总体认识有关。在他看来,宋代以后,中国的哲学思想便渐趋僵化,到清代,几乎无哲学思辨可言。这种学术状况,是导致近代中国全面落后的要因之一。欲救此弊,便应学习西方先进的学术成果,创造中西合璧的新文化。因此,大力介绍西洋哲学即成为至关重要的急务。20年代初,《民铎》杂志出版"柏格森专号",集中向国人介绍这位西方哲学大师的生平和学说,蔡元培特为之译述《柏格森哲学导言》,表现出很高的热情。完全可以说,在传播西方近代哲学方面,蔡元培做了许多必不可少的基础工作。

在广泛接触西方哲学思想过程中,蔡元培深受德国哲学家的影响,其中尤以康德为甚。蔡元培几乎没有保留地接受了康德学说中有关"现象世界"与"实体世界"的思想,并将之运用到他的教育实践中。他首次在国人面前演绎这一哲学观念，是民国元年发表的那篇知名度颇高的《对于教育方针之意见》。在这篇阐释民国教育方针的文章中，蔡元培所受康德哲学的影响充分显现了出来。在论及政治家与教育家的不同之处时，他搬出了哲学依据："盖世界有二方面，一如纸之有表里：一为现象，一为实体。现象世界之事为政治，故以造成现世幸福为鹄的；实体世界之事为宗教，故以摆脱现世幸福为作用。而教育者，则立于现象世界，而有事于实体世界者也。"那么，所谓"现象世界"和"实体世界"二者区别何在？蔡元培解释道："前者相对，而后者绝对；前者范围于因果律，而后者超轶于因果律；前者与空间时间有不可离之关系，而后者无空间时间可言；前者可以经验，而后者全恃直观。"他指出，"实体世界"，难以名状，"或谓之道，或谓之太极，或谓之神，或谓之黑暗之意识，或谓之无识之意志。其名可以万殊，而观念则一"。在这多少有些玄奥神秘的论述中，人们不难看到康德"心物二元论"的思想成分，也似乎感受到某种略带宗教色彩的高妙与超然。蔡元培在几十年的教育生涯中，倡导"教育独立"，提倡美感教育与心灵陶冶，追求"完全之人格"，都将这个哲学意识作为其理念根基。虽然，他没有能够撰成专著，阐发其哲学思想，但在为数可观的文章、演说中，康德哲学所给予他的影响一再表露，并且间或掺杂着叔本华等人的思想成分，这些确乎构成他庞杂的哲学思想的中坚部分。

蔡元培对于使用科学方法整理中国传统学术甚为热心，大力提倡。他曾为胡适的《中国古代哲学史大纲》以及《自由哲学》《逻辑学》《佛法与科学比较之研究》《哲学辞典》《中国思想研究法》等多种专著作序，热情推广新的学术研究成果。对于中国近代以来思想界的变迁，他也予以高度关注，并有精到评论。这集中体现在他撰写的《五十年来中国之哲学》一文中。这篇写于1922年的约三万字的长文，详述清末民初几十年间中国哲学领域的学者及其学说、特点，并适当进行评价。他写道："最近五十年，虽然渐渐输入欧洲的哲学，但是还没有独创的哲学。所以严格地讲起来，'五十年来中国之哲学'一语，实在不能成立。现在只能讲讲这五十年中，中国人与哲学的关系，可分为西洋哲学的介绍与古代哲学的整理两方面。"关于西洋哲学的介绍，他高度赞许严复译介西方人文社会学说的贡献，指出："严氏介绍西洋哲学的旨趣，虽然不很彻底，但是他每译一书，必有一番用意。译得很慎重，常常加入纠正的或证明的按语，都是很难得的。"

蔡元培以很大的篇幅详细评述了王国维介绍德国哲学的学术活动，他评论说："王氏介绍叔本华与尼采的学说，固然很能扼要；他对于哲学的观察，也不是同时人所能及的。"关于中国旧学的整理，他认为，近年整理国故的人，不是受西洋哲学影响，就是受印度哲学影响，在孔子学派上想作出一个"文艺复兴"运动的，是康有为，康是把进化论的理论应用于《公羊春秋》的"三世说"和《小戴记·礼运》篇的"小康大同"上面，仿效其路径的还有谭嗣同。蔡元培特别提及与康、谭同时的宋恕、夏曾佑两人都有哲学家的资格。宋也是反对宋元烦琐哲学，要在儒学里面做"文艺复兴"的运动；而夏则是一个专门研究宗教的人。他同样以相当数量的文字评述了宋、夏二人的著述和观点。

在这篇总结性文字中，蔡元培以十分突出的笔触论及章太炎的学术成果，他写道："这时代的国学大家里面，认真研究哲学，得到一个标准，来批评各家哲学的，是余杭章炳麟。"他认为，章氏对于佛教各宗，除密宗、净土宗外，虽皆所不弃，而所注重的是法相。章以齐物论为作用，又时取"随顺有边"之法。看国内基督教的流布，在日本时，见彼方学者稗贩欧化的无聊，所以发矫枉的议论。章氏《检论》中订孔、道本、道微、原墨、通程、议王、正颜诸篇，都可当哲学的材料。其中说王阳明是"割切"，不是"玄远"；说颜元"所学务得皮肤，而总揽之用微"，都是卓见。其《蓟汉微言》上半卷，用"唯识"证明《易》《论语》《孟子》中的玄言，也都很有理致，并非随意附会。蔡元培也对胡适、梁启超、梁漱溟等人的著述有所论列。他从哲学史的角度概括道："凡一时期的哲学，常是前一时期的反动，或是再前一时期的复活，或是前几个时期的综合。"蔡元培的《五十年来中国之哲学》一文，是中国学术界对清末民初几十年间思想学术成果的首次全面回顾和总结，他那平实的叙述和精到的点评，不仅帮助时人进行了一次学术巡礼，也为后代留下了可贵的学术思想史料。

美学与美育

在广泛涉猎西方哲学和社会科学理论过程中，蔡元培对美学产生浓厚兴趣。从他在德国留学的活动来看，对欧洲民族艺术的欣赏是促使他研究美学的触媒。然而，几乎从一开始，他所从事的美学研究便含有一种社会功利的动机，即通过美来陶冶心灵，净化社会。这样，蔡元培对于美学理论的兴趣和钟爱就主要不是进行理论体系的架构，而是致力于对大众的感化——美育。蔡元培在民国以后的二十余年里，曾经写过不少有关美学的文章，诸如《美术的起源》《美术的进化》《美学的进化》《美学的研究法》《美学讲稿》《美学的趋向》《美学的对象》等等。其中，除了运用西方人类学材料探讨艺术与审美的起源具有明显的学术研究性质以外,大部分是对西方美学理论（尤以康德美学观点为中心）所作的转述性介绍,偶或亦掺有蔡的个人见解。

是否可以这样说,在美学方面,蔡元培向国人所作的普及工作远远甚于理论研究。这便是人们所遗憾地看到的：他的美学观点既不系统（缺乏思辨性）,又在许多方面显得浮泛。的确,在美学理论的研究方面,蔡元培不如同时代的王国维。与此形成对照的是,蔡元培在其教育生涯中力倡美育,不论是民国元年首次将美育列入教育方针,还是就任北京大学校长伊始即提出"以美育代宗教"的鲜明主张,甚或在五四新文化运动高潮中大声疾呼"文化运动不要忘了美育",都不同程度地在学界产生了影响。相形之下,他探讨美术起源的学术文章,在湖南教育界所连续进行的关于美学的演说,以及以校长身份在北大等校讲授美学课程,似乎都是为使国人认同和接受美育所做的一种必要的基础性工作。从这个意义上认识蔡元培的美学研究与美育实践的关系,才有可能真正地理解他研治美学的"入世"倾向。

无疑,蔡元培是中国提倡美育最力的第一人。王国维、鲁迅等人虽在理论或某些实践方面有所建树,可是不足以与蔡元培的影响相比较。在时间的长久、范围的广泛和提倡的力度上,蔡元培堪称中国近代美育之父。他自称："美育者,子民在德国受有极深之印象,而愿出全力以提倡之者也。"然而早在1900年3月他手订的《夫妇公约》中,就已经能够找到与后来的《美育实施的方法》几乎相同的一些内容。那时,其美育主张即已初露端倪。这一主张的正式提出是在民国元年,"针对当时疲惫的人心、动乱的社会,极力倡导美育"。这个时期,正是中国知识界深切关注国民性问题,进行反思和探索之际。美育的提出,实质上是蔡元培从进取的方面,为重新塑造合于近代文明标准的完美国民性所提出的设想。他认为,要使国人从蒙昧状态中彻底觉醒,非"扩充其知识,高尚其道德,纯洁其品性,必难幸致"。其中心是培养"完全人格"的道德教化,而"世之重道德者,无不有赖乎美术及科学,如车之有两轮,鸟之有两翼"。科学与美育,在他看来是人类文化活动的两个支点:"文化是意志活动的现象,意志的活动,恃有两种能力:一是推理力,以概念为出发点,演成种种科学;一是想象力,以直观为出发点,演成种种文艺。"基于此,他在大力推行科学教育的同时,连续不断地撰写文章,并多次发表演说,以一种虔诚而激切的心理向国人宣讲美育的作用和价值,同时,设立艺术院校,开展美育活动。这样做,显然是从陶冶人的性情入手,改变国民的生活和心理环境,使整个民族具备一种内在的优美气质,从而达到改造国民性的目的。

改变文化人的精神面貌,是推行美育的重要一步。蔡元培多次指出,"专治科学,太偏于概念,太偏于分析,太偏于机械的作用了",应当"求知识以外,兼养感情,就是治科学以外兼治美术"。这里的所谓"美术"是指文学、艺术的广义概念。内在精神的变革常常是最重要的变革,蔡元培的美育主张是深得此要领的。鲁迅亦曾讲过类似的话:"盖使举世惟知识是崇,人生必大归于枯寂,如是既久,则美上之感情漓,明敏之思想失。"显然,充溢优美气质的民族,必定是有生气而富于创造力的。蔡元培曾就第一次世界大战德、法两国交战,谈起美育与国民素质的关系,佐证了其以美育改造国民性的深层动机。

然而,这个良好愿望在条件不充分具备的历史时代,毕竟显得大大"超前"了。人们抱怨这种来自上流社会书房或客厅的一厢情愿的理想,并非毫无道理。蔡元培也不无遗憾地回顾:"我以前曾经很费了些心血去写过些文章,提倡人民对于美育的注意。当时很有许多人加入讨论,结果无非是纸上空谈。"事实确实如此,当20年代初,蔡元培力倡美育之时,文化教育界颇有人应和。刘伯明、李石岑、吕澂、孟宪承、张竞生等都曾发表文章或演说,赞成实行美育。甚至梁启超在上海美术专科学校演讲,亦以"美术与生活"为题,力言美育之作用。但是,实际社会成果则寥寥无几。当然，美育在人类生活中有一个伴随环境变化而逐渐被接受的过程，由于蔡元培的大力提倡，美育在中国人的教育观念中已占据了一个位置。

不能不指出的是，蔡元培在美学理论上的薄弱，使他在提倡美育时常常处于论据不充分的境地。"以美育代宗教说"提出后的二十年中，虽被反复重申和强调，但终因这一命题缺乏足够的理论论证而难以为社会所认可和接受。仅仅单纯传扬西方美学理论，不作细密的理论再创造，这一欠缺在很大程度上限制了美育的社会普及进程。如果不是苛求的话，这或许是蔡元培力倡美育而成效不彰的一个主观因素。

《石头记索隐》

蔡元培著述中引起学术界特别关注，以至引发一场争论的，是那部《石头记索隐》。由此，蔡氏得到了旧红学家索隐派的名号。

对于红楼梦的研究兴趣，蔡元培是受到陈康祺《郎潜纪闻二笔》中所述徐时栋观点的启发。徐氏认为，《石头记》中十二金钗皆清初巨宦明珠食客，其中以薛宝钗影射高澹人（士奇）、妙玉影射姜西溟。蔡元培开始作《红楼梦》疏证，是在1898年或这之前。他在该年的日记中曾有如下记述：

"前曾剌康熙朝士轶事，疏证《石头记》，十得四五，近又有所闻，杂志左方，以资印证。"如"林黛玉（朱竹垞）、薛宝钗（高澹人）……宝玉（纳兰容若）、刘姥姥（安三）"。此时，蔡元培正在北京翰林院供职。以后，他又接触到清人《乘光舍笔记》等书，其中关于红楼梦小说中女人皆指汉人、男人皆指满人的说法，使他感到"尤与鄙见相合"。

循此思路，蔡元培在此后十多年的时间里陆续考证出十余则，但他自忖这项《红楼梦》疏证的工作尚不成熟和完备，并未出版。不过，他对于这部文学巨著的研究在其朋辈中该是有所了解的。因此，1914年，蔡元培在法国将《红楼梦疏证》（《石头记索隐》初名）基本定稿之后，上海商务印书馆的张元济便建议他加一结束语，尽快发表。蔡氏《石头记索隐》首次面世是1916年1至6月在商务印书馆的《小说月报》上连载，出版者特辟"名著"一栏，以示重视。依照蔡元培原来的想法，刊载后不急于将此稿结集出书，而愿进一步修订增补，以成全璧，至少在内容上要更加充实。可是同年秋，他将出任北京大学校长，旋即回国。同时，上海出版界已经刊出王梦阮、沈瓶庵《红楼梦索隐》一书的发行广告。故此，张元济函劝蔡元培："……若大著此时不即出版，恐将来销路必为所占。且驾既回国，料亦未必再有余闲加以润饰，似不如即时出版为便。"这样，蔡元培的《石头记索隐》遂于1917年9月由商务印书馆正式出版单行本。

长篇小说《红楼梦》问世后，从清季乾隆年间至民国初年，一直为历代文人所津津乐道。围绕这部内容宏大、构思奇巧的文学巨著，人们曾进行热烈的评论和多方面的猜度、探讨。其间，仁者见仁，智者见智，莫衷一是。自清光绪初年，便出现"红学"这一专门概念，有人甚至不无调侃地将"红学"与"经学"相提并论，小说家俨然步入了大雅之堂。进入民国以后，对于《红楼梦》的研究有增无已，一些有分量的红学研究专著相继问世，学术界似乎正酝酿着一次红学研究的"突破"。蔡元培作为民国名人，在学界有很高地位，他亦加入红学研究的行列，自然引起世人的关注。《石头记索隐》从1917年初版，到1930年已出至第十版，可见其影响非同一般。

蔡元培从事《红楼梦》疏证的十余年间，正是"排满"之声四起、民族主义激情高扬之时，这种时代氛围，对于他显然有深刻影响。《石头记索隐》开篇便写道："《石头记》者，清康熙朝政治小说也。作者持民族主义甚挚。书中本事在吊明之亡，揭清之失。而尤于汉族名士仕清者，寓痛惜之意。当时既虑触文网，又欲别开生面，特于本事以上，加以数层障幕，使读者有横看成岭侧成峰之状况。"从这段文字可知，蔡元培考证疏解《红楼梦》的基本动机是宣扬民族主义思想。由此出发，他认定，小说作者"于汉人之服从清室，而安福尊贵者，如洪承畴、范文程之类，以娇杏代表之。娇杏即徼幸……于有意接近（清朝），而反受种种之侮辱，如钱谦益之流，则以贾瑞代表之……叙尤三姐，似以代表不屈于清而死者。"他还指出，书中红字多影朱字，朱者，明也，汉也。宝玉有爱红之癖，言以满人而爱汉族文化也，好吃人口上胭脂，言拾汉人唾余也。蔡元培甚至断定，贾府即伪朝，乃指斥清廷之意。诸如此类的疏证，其根据是否充分、论断是否可信，我们暂且不论，只就其中所强烈显现的民族的、政治的意念而言，可以说，蔡氏作此"索隐"有别于闲适文人的"戏笔"之谈，而寓有相当的社会现实深义。也正因如此，有人称蔡元培为红学中的"政治索隐派"。

《石头记索隐》采用对比的方法，广泛征引史籍记载的相关材料，与小说情节相比附，以支持考证者的论点。蔡元培对《石头记》探索幽隐的具体成果是，他考证出：贾宝玉，即是传国玉玺之义，乃影康熙时的废太子胤礽；林黛玉，影朱竹垞，即朱彝尊；薛宝钗，影高江村，即高士奇；探春，影徐乾学；王熙凤，影余国柱；史湘云，影陈其年；妙玉，影姜西溟；惜春，影严荪友；宝琴，影冒辟疆；刘姥姥，影汤潜庵。此外，他还列举了若干小说情节与康熙朝时事相关联的条目，以佐证自己的观点。在结束这篇四万余字的考证文章之前，蔡元培写道："以上所证明，虽不及百之一二，然《石头记》之为政治小说，决非牵强附会，已可概见。触类旁通，以意逆志，一切怡红快绿之文、春恨秋悲之迹，皆作二百年前之因话录、旧闻记读，可也。"总之，蔡元培认为，小说《红楼梦》实在是把康熙朝的种种伤心惨目的事实，寄托在香草美人的文字上面，完全可以视为政治小说，只要剥离作者故意布下的"障幕"，便可作为历史书籍来读了。在这部著述中，蔡氏广征博引，努力使自己欲证明的问题具有充分的依据，从而达到他主观上所认真追求的"严谨"和"审慎"。看来，蔡元培对这部《石头记索隐》也颇为自信，视为自己著述中的精心得意之作。

清末民初时期，学术界探索《红楼梦》本事的倾向趋盛，人们依照各自的观感和理解，参考不同资料，分别作出论断。其中，即有王梦阮、沈瓶庵的《红楼梦索隐》和邓狂言的《红楼梦释真》等书。由于他们着力于钩稽探寻《红楼梦》小说中"真事隐去"的那部分内容，因而通常被称为"索隐派"。蔡元培《石头记索隐》的篇幅要小得多，其内容亦并非逐回索证，而只是就其考证所得翔实记述而已。但是，蔡氏书中在其疏解问题方面所征引的资料较为丰富，表明了作者用力之勤。尤为重要的是，该书在进行人物疏证时，绝非毫无原则可循，而是自有其一套"规范"。

蔡元培称：小说中所影射的人物"用三法推求：一、品性相类者；二、轶事有征者；三、姓名相关者"。他举例说：以湘云之豪放而推为其年，以惜春之冷僻而推为荪友，是用第一法；以宝玉曾逢魔魇而推为胤礽，以凤姐哭向金陵而推为国柱，是用第二法；以探春之名，与探花有关，而推为健庵；以宝琴之名，与学琴于师襄之故事有关，而推为辟疆，是用第三法。并且"每举一人，率兼用三法或两法，有可推证，始质言之"（《石头记索隐》第六版自序）。当然，这并不是说蔡元培这部《索隐》比那个时代的同类著作高明多少，而是意在指出，蔡元培在主观上是追求比较严谨的治学方法的，与那些游文戏笔的红学研究文字不同，蔡的治学和写作是认真的。正因如此，当胡适一派新红学家大胆批评包括蔡元培在内的旧红学索隐派时，一向雍容大度的蔡先生禁不住要站出来与之争论短长了。

与胡适的论辩

《石头记索隐》出版四年之后，年轻气盛的胡适推出了他的《红楼梦考证》一文。这篇近两万字的论文，系统考证了《红楼梦》的作者、家世和版本，得出该书乃作者曹雪芹"将真事隐去"的自传的结论。胡适在文章中对以往的红学研究提出了尖锐批评,他指出,向来研究《红楼梦》这部书的人"都走错了道路","他们不去搜求那些可以考定《红楼梦》的著者、时代、版本等等的材料,却去收罗许多不相干的零碎史料来附会《红楼梦》里的情节。他们并不曾做《红楼梦》的考证,其实只做了许多《红楼梦》的附会!"他嘲笑"那班猜谜的红学大家"只是"绞尽心血去猜那想入非非的笨谜"。由于胡适考证出曹雪芹的家世,又发现脂评《红楼梦》抄本,因而在红学研究领域产生绝大影响,新红学派由此发轫,他的许多观点也渐为学界所认同。应当说,胡适对于旧红学的批评,用语虽稍嫌尖刻,但显然是正确的。不过,胡适的考证亦有自身的弱点,如过于夸大考证小说作者的意义,断定《红楼梦》为作者自传之说仍是建立在假设、猜度的基础之上,论据不足而显得武断。正因如此,蔡元培对于胡适的批评不大服气,遂撰文进行自辩,并与之"商榷"。

1922年1月,蔡元培趁《石头记索隐》出版第六版的机会,写了一篇"自序",其副题即标明"对于胡适之先生《红楼梦考证》之商榷"。他申述了自己进行《红楼梦》疏证的起因和方法之后,颇为自信地表示,"自以为审慎之至,与随意附会者不同",故而,对于胡适的批评"殊不敢承认",而胡适考证《红楼梦》的观点,"实有不能强我以承认者"。接着，他从几个方面与胡适展开"商榷"。他写道：胡先生考证出作者的生平与家世，固然有功于红学研究，但"吾人与文学书最密切之接触，本不在作者之生平，而在其著作。著作之内容，即胡先生所谓'情节'者，决非无考证之价值"。他列举中外文学研究中的许多实例，证明考证情节，不能一概视为附会而加以排斥。他还写道："胡先生所谥为笨谜者，正是中国文人习惯，在彼辈方以为必如是而后值得猜也。"他的这一辩白，从形式上似乎颇与胡适的"大胆假设，小心求证"相吻合。总体来看，蔡元培的自辩虽罗列了不少材料，但因逻辑松散、偏离主题，而显得不很有力，倒是他驳论胡适"自传说"的文字还比较切中要害。

他写道："胡先生以曹雪芹生平，大端考定，遂断定《石头记》是'曹雪芹的自叙传'，'是一部将真事隐去的自叙的书'，'曹雪芹即是《红楼梦》开端时那个深自忏悔的我，即是书里甄贾（真假）两个宝玉的底本'。案书中既云真事隐去，并非仅隐去真姓名，则不得以书中所叙之事为真。又使宝玉为作者自身影子，则又何必有甄贾两个宝玉？"最后，他仍坚持认为，"《石头记》原本，必为康熙朝政治小说，为亲见高、徐、余、姜诸人者所草。后经曹雪芹增删，或亦许插入曹家故事。要未可以全书属之曹氏也"。

对于蔡元培的这篇驳论性文章，胡适颇不以为然。他在日记中写道:"蔡先生对于此事,做得不很漂亮。我想再作一个跋,和他讨论一次。"(1922年2月18日)胡适的弟子俞平伯读了发表在《晨报》副刊上的蔡元培文章后,先自在上海《时事新报》撰文予以批评,指出,"《石头记索隐》确是用附会的方法来考证情节的。我始终不懂,为什么《红楼梦》的情节定须解成如此支离破碎?又为什么不如此便算不得情节的考证?为什么以《红楼梦》影射人物是考证情节,以《红楼梦》为自传便不是考证情节?况且托尔斯泰的小说,后人说他是自传,蔡先生便不反对,而对于胡适的话,便云'不能强我以承认',则又何说?"字里行间,颇具一种质疑辩难的气势。

胡适从事《红楼梦》考证的主要"同道"顾颉刚则在致胡适的信中深入剖析了蔡元培的观点,他认为,"蔡先生的根本错误有两点:第一,别种小说的影射人物只是换了他的姓名,男还是男,女还是女,所做的职业还是这项职业。何以一到《红楼梦》就会男变为女,官僚和文人都会变成宅眷?第二,别种小说的影射事情,总是保存他们原来的关系。何以一到《红楼梦》就会从无关系发生关系。例如蔡先生考定宝玉为胤礽,林黛玉为朱竹垞,薛宝钗为高士奇,试问胤礽和朱竹垞有何恋爱的关系,朱竹垞与高士奇又有何吃醋的关系?这两项是蔡先生无论如何不能解答的。若必说为性情相合，名字相近，物件相关，则古往今来无数万人，那一个不可牵到《红楼梦》上去！实在蔡先生这种见解是汉以来的经学家给与他的。"在顾颉刚看来，蔡先生研究《红楼梦》的方法，颇有几分类似于经学家诠解孔孟典籍的"注经之法"，实际是说，在治学路径上，蔡受旧学影响太深。不妨说，顾颉刚的见解代表了五四新文化运动中兴起的新型知识分子对蔡研治红学的基本评价。

胡适于同年5月撰写了《跋红楼梦考证》，其第二部分便是"答蔡孑民先生的商榷"。他认为，蔡先生的"性情相近，轶事相征，姓名相关"这三种推求小说人物的方法，只适用于《孽海花》《儒林外史》等少数小说之中，而"大多数的小说是决不可适用这个方法的"。他引述顾颉刚来函中所提出的两个问题，作为对蔡氏自辩的反驳，进而突出强调考证作者生平的意义，指出，离开作者生平而索解小说，只会陷入荒唐可笑的盲人说象的境地。

蔡元培、胡适之间的这场争论，曾被有的学者夸张地称为"一场震撼全国的论战"，它确乎反映了在红学研究领域里新与旧两种学派的意见对立，其分歧的内涵，则显示出两代学者不同的学术背景和思维训练。争论的结果，仍是各执己见。直到30年代，同样性质的学术争论还时有出现。红学研究中"索隐派"著作依然相继出版，其中有的在相当程度上承袭了蔡元培的主要观点。甚至到50年代末海外出版的红学研究专著中仍有学者坚持认为《红楼梦》乃反清吊明之书。不过，应当承认，胡适所开辟的研究路径业已成为"五四"之后红学研究的主流，而旧红学的余脉似乎已日渐式微。

客观地讲，蔡元培的《石头记索隐》反映了"五四"之前红学界的研究方法和学术水准，在后人看来，其治学方法的幼稚和所得结论的不确定是不言而喻的。人们并不会因为它宣扬了在那个时代具有革命意义的民族主义思想，而认可其学术价值。当年，胡适等人对他们素所尊敬的蔡先生进行的尖锐的学术批评，表现了后辈学者的进取精神和更新意识。蔡元培能够扶助胡适一代人从事新文化的建设，却在传统的学术研究领域流露出相当程度的滞后倾向，这充分显示了蔡氏文化性格上的复杂性。

就文化教育的背景而言，蔡元培与胡适一辈人属于两代人，他们之间发生学术争议并不足怪。问题在于，蔡元培长期吸吮西洋文化的养分，主观上亦十分注重科学方法，在中国的文化建设上颇多卓越见解，且有非凡建树，何以在具体的学术问题上与传统的中国文人并无二致？这是一个偶然的孤立现象，还是暴露出蔡氏在思想方法上的某种缺陷？显然，在他身上，西洋近代学术的科学精神还没有化解为得心应手的思维方法，在一些问题上，中国旧学的影响仍具有十分强韧的张力。这样一种混合型的知识结构以及由此而形成的复杂文化性格，在清末民初那样的过渡时代，很具有代表性。《石头记索隐》及其所引出的故事，十分明显地提示人们：要理性地认识作为学者的蔡元培的成败得失及其深层因由。

暮年倾心民族学

1934年12月10日，蔡元培在南京中央大学发表了一个题为《民族学上之进化观》的演说。其中谈道："我向来是研究哲学的，后来到德国留学，觉得哲学的范围太广，想把研究的范围缩小一点，乃专攻实验的心理学。当时有一位德国教授，他于研究实验心理学之外，同时更研究实验的美学。我看看那些德国人所著的美学书，也非常喜欢，因此我就研究美学。但是美学的理论，人各一说，尚无定论，欲于美学得一彻底的了解，还须从美术史的研究下手，要研究美术史，须从未开化的民族的美术考察起。适值美洲原始民族学会在荷兰、瑞典开会，教育部命我去参加，从此我对于民族学更发生兴趣，最近几年常在这方面从事研究。"这段自述，勾勒了蔡元培中年以后研治学术的基本轨迹，同时告诉人们，他对于民族学的兴趣老而弥坚，以至成为其暮年倾心研讨的一门学问。

蔡元培多年游学于德国和法国，深受欧洲民族学大陆学派的熏染，即使在其对美学和美术史发生浓烈兴趣之时，民族学（或称人类文化学）也始终作为一个密切的相关学科，在方法和材料方面为他研究美学理论和美术史起着辅助性作用。他的长篇论文《美术的起源》即广泛利用民族学的学术成果来论述美的起源问题。可以说，在蔡元培研治美术史的过程中，美学偏于抽象的理念，而民族学则提供了生动具体的实证，这或许是他晚年较多偏向于民族学问题的某种原因。1924年，他在欧洲参加国际民族学会议，遇莱比锡大学同学、德国民族学家但采尔，在但氏的鼓动下，他以年近花甲之龄进入汉堡大学，专研民族学。从此，民族学在晚年蔡元培的精神生活中占据了一个突出位置，他向国人介绍这门学科，并热心从事中国民族学的学科建设工作。

关于民族学的材料，不论是中国古代，还是古希腊或其他地区，均有大量的文字记载和文物资料。但是，民族学正式成为一门社会科学，则是在19世纪中叶。欧美等国家的许多学者为这一学科的创立进行了艰辛的理论探索，形成不同的学派。西方民族学著作首次传入中国，是1903年由京师大学堂书局出版的林纾、魏易合译的《民种学》一书。

该书原作者为德国人哈伯兰，英人罗威将书名译成英文为 *Ethnology*（《民族学》），林纾等据英译本转译为中文，而称《民种学》。次年，蒋观云又译称《人种学》。在一段时间内，有关民族学的定义既不固定，也不统一。在我国，正式提出"民族学"这一概念并使之沿用至今的，是蔡元培。他于1926年12月在上海《一般》月刊发表《说民族学》一文，阐明"民族学是一种考察各民族的文化而从事于记录或比较的学问。偏于记录的，名为记录的民族学"；举各民族物质上行为上各种形态而比较他们的异同的，名为"比较民族学"。他详细比较了法文、德文、英文关于"民族学"这一名称的词义，并溯源到古希腊文的语义演变，说明自己提出民族学概念主要"是依傍德国语法"。其实，就广义而言，民族学属于人类学的一个分支，英美学者通常将民族学视为人类学，亦即相当于人类文化学和社会人类学。但在欧洲大陆，如德、法等国，习惯上将体质人类学称作人类学，而社会人类学则另有民族学之称。蔡元培提出并确定民族学概念，显系源于德、法等国的学术传统。

在《说民族学》这篇文章中，他还着力从中国传统文化中挖掘有关民族学的资料，以证明这一学科在中国具有良好基础，并非纯然的舶来品。他指出，《山海经》一书中有很多民族学的丰富记载，"例如《山经》，于每章末段，必记自某山以至某山，凡若干里，其神状怎样，其祠礼怎样，那都是记山间居民宗教的状况"。此外《史记》中《匈奴》《西南夷》等列传和后来史书中的这类部分，以及唐樊绰的《蛮书》、宋赵汝适的《诸蕃志》、元周达观的《真腊风土记》、明邝露的《赤雅》等书，都是记录民族学的专书。而《小戴记·王制篇》中则有颇为详明的比较民族学方面的记述。随后，蔡元培分别阐述了民族学与人类学、人种学、考古学、历史学、社会学、心理学等相关学科的关系，在他看来，尽管西方学术界有以人类学包含民族学的倾向，但现今民族学注重于各民族文化的异同，头绪纷繁，决非人类学所能包容，实际上民族学久已脱离人类学而独立。这样，便使民族学在中国创立伊始，即与人类学脱钩，具有了独立学科的地位。在这篇文章中，蔡还初步论证了"民族的文化随时代而进步"的观点，认为民族学的研究颇可补中国史前史若干方面的阙如，从而显露出他与欧洲民族学中进化学派的某种学术渊源。

《说民族学》一文，是20世纪初西方民族学传入中国以来，第一篇系统论述民族学的文章，它不仅确定了这门学科的名称和定义，还具体介绍了该学科在近代学术体系中的地位和作用，同时，又用中国固有的文献资料进行演绎，为这门新兴学科增加了可接受性。自《说民族学》发表之后，民族学作为一门学科开始在中国学林中得到了立足之地。

1928年中央研究院成立，按照蔡元培的设想，拟议创设民族学研究所，但由于经费和研究力量的不足，改在社会科学研究所内组建民族学组，蔡以院长身份兼任民族学组主任，并从事具体项目的研究。从中央研究院当年的文件记载可知，他的研究课题为：一、各民族关于数之观念；二、结绳及最初书法之比较研究。在20世纪30年代，年逾花甲的蔡元培在应付各类繁杂事务的情况下，始终没有降低对于民族学的研究兴致。有文字可寻的，是他公开发表的两次演说词。一次是1930年5月，在中国社会学社成立会上所讲《社会学与民族学》。他概要论述了民族学对社会学的补助作用，指出"我们要推到有史以前的状况，专靠考古学家的材料，是不能贯串的。我们完全要靠现代未开化民族的状况，作为佐证，然后可以把最古的社会想象起来"。他进而列举母系氏族制度和图腾崇拜等民族学方面的研究成果论证中国古代传说的历史，使人产生耳目一新之感，从而推动民族学的普及并引起学术界的重视。另一次，于1934年12月在南京中央大学所讲《民族学上之进化观》。他讲道："民族学上的进化问题是我平日最感兴趣的……在民族学上，我觉得人类进化的公例，是由近及远的一条，即人类的目光和手段，都是由近处而逐渐及于远处的。"他从美术、交通、饮食、算术、币制、语言、文字、音乐、宗教八个方面阐发证明自己的这一观点，他说就美术而言，"人类爱美的装饰，先表示于自己身上，然后及于所用的器物，再及于建筑，最后则进化为都市设计"。但他同时也指出"尚有不可忘记的一点，即此种进化的结果，并非以新物全代旧物，易言之，即旧物并不因新物产生而全归消灭"。蔡元培提出的这一"由近及远"的进化观点，被后来的民族学专家评赞为进化学说在民族学方面的"一个正确新解"，"此乃折中历史派与进化派的学说，以补旧进化论之偏"。这两篇演说词分别发表在《社会学刊》第一卷第四期和《新社会科学季刊》1934年冬季号上，它们与《说民族学》一起成为蔡元培民族学研究方面仅存的三篇文字成果。

不过，晚年蔡元培对于中国民族学的贡献远非仅止这些。他的关于民族学的思想更多地体现在他所领导的中央研究院民族学组的工作方面。从1928年民族学组建立到1934年该组归入历史语言研究所的六年间，他悉心指导，大力擘画，推动民族学组积极展开调查、研究。蔡元培主张，民族学既是理论科学，也是应用科学，其研究工作既有学术性，又有实用特点，它与边疆地区的政治进步、教育普及和文化提高均有密切关系。研究民族学不应当一味地从现有典籍中搜讨间接的材料，而更应注重采撷大量生动的直接材料，即应当进行广泛的实地调查。

在他的主持下，民族学组确定的工作项目有：广西凌云瑶人之调查及研究、台湾番族之调查和研究、浙闽畲民之调查、松花江下游赫哲民族之调查研究、海南岛黎人之调查、湘西一带苗瑶人之调查、西南民族之研究、亚洲人种分类之研究、标本图表之整理陈列等等。可以看出，其中实地调研占有较大比重。蔡元培还亲自指定、安排研究人员赴少数民族地区从事调查。从1928年开始，民族学组的研究员颜复礼、凌纯声，编辑员商承祖，助理员林惠祥，以及芮逸夫、陶云逵等均曾分赴边陲腹地实地考察，所撰调研报告则在中央研究院有关刊物上公开发表。这是国人第一次有组织地开展民族区域调查。为了集中展示民族学的标本和资料，蔡元培还着手筹建中华民族博物馆，他特意聘请时任汉堡民族博物院非洲部主任的但采尔协理此事，经多方努力，有关文物标本和图片初具规模，但终因经费不足，只在中央研究院内设立了一个民族学陈列室。

在我国，民族学毕竟还是一个新兴的学科，但它对于我们这样一个多民族的国家来说，是不可或缺的。50年代，有关部门正式确认"民族学"为此一独立学科的统一称谓，从那时以来，该学科已有了喜人的发展。然而，人们不会忘记蔡元培在中国民族学的早期发展阶段所进行的"开辟草莱"的种种努力，没有他那一代人的奠基性工作，中国民族学日后的发展和提高是不可想象的。

文献研究概况

当蔡元培在世的时候，人们就已经注意到他的思想的研究价值。在五四新文化运动达到高潮的1919年，北京大学新潮社辑印了《蔡孑民先生言行录》(上、下册)，收录了清末民初以来蔡氏的重要演说、文章及部分专著，并附有蔡口述的《传略》。1930年初，上海广益书局又出版一部《蔡元培言行录》，主要汇集了20世纪20年代以后蔡元培发表于报刊的言论及几篇早年文稿。上述两部文集，加上先前出版的著、译专书，构成当时刊布于世的反映蔡元培思想主张的基本文字。

从蔡元培逝世到20世纪40年代中期，重庆等地的报刊接连刊载纪念回忆文章，作者均为蔡的朋友、同事或学生，其所作记述，充实了蔡的生平资料，深化了世人对这位教育家的理解。1943年，重庆商务印书馆出版高平叔编写的《蔡孑民先生传略》，该书根据蔡氏生前口述所写"五四"之后传略与先前黄世晖所记《传略》相衔接，附录蔡《我在教育界的经验》《我在北京大学的经历》及蒋维乔《民国教育总长蔡元培》一文汇编而成。虽则简略，却是第一本比较完整的蔡氏传记。

1950年，蔡尚思编撰《蔡元培学术思想传记》一书由上海棠棣出版社出版，该书分门别类地记述蔡元培的社会政治主张和学术思想观点，并作分析评价，堪称蔡元培学术研究的开山之作。1959年，北京中华书局整理出版了《蔡元培选集》，所选篇目较为偏重教育方面的内容，该书成为此后二十年间中国内地学者从事研究所依据的主要资料。从20世纪50年代到"文革"前，国内学术刊物上发表过一些有关蔡元培的论文，但大多带有那个时代的特有印迹。"文革"时期，蔡元培的名字几乎被遗忘。

台湾学术界关于蔡元培的记述和研究一直未断。《传记文学》等刊物上不时发表有关蔡元培的文章，相关学术活动亦比较活跃。1968年，台湾商务印书馆出版了孙常炜编《蔡元培先生全集》，这部厚达1762页的文集，辑录了蔡的著述、论文、演说、序跋、信函，并附录回忆文章。该书是当时印行的同类文集中收录量最大的一部。1976年，陶英惠编撰的《蔡元培年谱》（上册）由台湾"中央研究院"近代史所出版，迄今该谱仅出上册，记事止于1916年。

"文革"结束后的1979年，在纪念五四运动六十周年之际，蔡元培的历史作用再次被"发现"。翌年3月5日，首都各界隆重举行纪念蔡元培逝世四十周年大会,中华书局出版高平叔编著的《蔡元培年谱》。这本年谱是在编辑《蔡元培全集》过程中从大量资料内精选汇集而成,全书仅十万余字。

20世纪80年代,蔡元培研究有了前所未有的发展,其标志是蔡氏全集的问世。

《蔡元培全集》的编者高平叔(乃同)青年时代追随蔡元培,蔡视之若弟子,曾以编辑文存之事相托,并向其口述自身经历。1935年始,高着手辑录蔡氏文存,且将文稿分批交蔡本人审订,还约定由商务印书馆承印。不久,抗战爆发,高颠沛流离,转徙内地各省,文存底稿在战乱中散失,高痛感"生平遗憾,无过于此"。四十余年后,在蔡元培的生前好友和蔡氏家属的劝促下,高平叔以古稀之年,再次担当起辑录文集的工作。数年间,他不分寒暑,克服病痛,整理编次蔡的遗稿,并驱驰各地,查找核对史料。从1984年开始,他编辑的《蔡元培全集》一至七卷陆续由北京中华书局出版。这部总计262万余字的全集,收录了包括《自写年谱》、部分日记在内的大量文献,其中属初次刊出的文献占百分之四十左右,是迄今辑录蔡著最多的一部文集。高平叔的上述工作,为蔡元培学术研究建立了坚实的资料基础,也了却了他多年来聚结于胸的一个心愿。

从 1983 年到 1990 年间,一批蔡元培研究专著相继问世:梁柱《蔡元培与北京大学》、周天度《蔡元培传》、唐振常《蔡元培传》、聂振斌《蔡元培及其美学思想》、胡国枢《蔡元培评传》。此外,中华书局出版了由蔡建国编辑的《蔡元培先生纪念集》。与此同时,各类报纸、杂志发表有关蔡元培的论文、文章数百篇。1986 年 4 月,中国蔡元培研究会在北京大学成立。两年后,该会举办首次蔡元培研究国际研讨会,国内及美国、德国、日本、法国的学者五十余人参加会议,会后出版了论文集《论蔡元培》。

进入 20 世纪 90 年代,蔡元培研究平稳进展,在文献出版、年谱传记等方面不断有新成果面世。中国蔡元培研究会组织编注蔡元培文献等项工作,颇受海内外关注:1995 年 5 月,由蔡元培研究会筹划的注释本《蔡元培文集》由台湾锦绣出版企业印行,全书共 14 卷,分为教育、美育、哲学、政治及经济、史学、语言及文学、科学与技术、自传、书信、日记等分卷。此套文集由海峡两岸学人合作完成,意义非比寻常。惜之,此套文集在大陆甚少见到,参阅不便。鉴于此,蔡元培研究会进而编辑注释本《蔡元培全集》,由浙江教育出版社于 1998 年八九月间出版。该全集共 18 卷,第 1 至 8 卷为著述,第 9 卷为译著,第 10 至 14 卷为函电,第 15 至 17 卷为日记和《自写年谱》,第 18 卷为杂著。该全集以年代先后系时，较之台湾锦绣版文集增加数百件函电等文献，可谓目前所见收录量最为浩繁的一部全集。同时，蔡元培研究会还编辑注释《蔡元培书信集》，收录书信、函电共1872件，其中包括新增补的蔡元培致傅斯年、罗家伦等人的信札近70件，该书于2000年5月由浙江教育出版社印行。

高平叔先生自20世纪90年代初起，历经三个寒暑倾力编著《蔡元培年谱长编》。该书计约200万字，汇集了蔡元培研究成果的精华，自1996年3月至1998年2月分四册由人民教育出版社出版。此外，北京大学王世儒先生编撰的《蔡元培年谱》亦于1998年5月由北京大学出版社印行。该谱约80万字，其特点是汇集了大量北大的档案资料和当年的主要报刊文献，对于谱主在北大校长任内及晚年的政务活动有较为翔实的载述。高谱、王谱及孙常炜先生在台湾出版的《蔡元培年谱传记》，构成20世纪90年代蔡元培研究的主要成果。同时，还有几部蔡元培的传记、评传相继面世。1998年5月，北京大学百年校庆之际，第二次蔡元培研究国际研讨会在北大召开，会后出版了论文集《蔡元培研究集》。

教育思想等评述

对于蔡元培的生平活动和学术思想,学术界进行了广泛探讨和全面评价,人们对蔡元培各时期的活动给予充分肯定。认为,蔡早年在上海与章太炎等人创办中国教育会和爱国学社,是继"兴中会"之后的反清革命团体,以《苏报》为中心的一批仁人志士展开的活动,对辛亥时期上海及东南各省政治形势的进展具有直接影响。作为光复会会长和同盟会分部负责人的蔡元培,其具体历史作用不应忽略。民国元年,蔡迎袁南下失败,应从政治力量的对比上寻找原因,将责任归咎于个人因素,显然有欠公允。蔡元培在新文化运动中不仅是保护者,而且也是倡导者之一,他改革北京大学,对五四运动起了孕育和催生的作用。他晚年主持中央研究院,借助中国形式上的统一,发展科学技术,奠定了我国现代科技事业的基础。

蔡元培的教育思想始终是学术界研究的重点。论者认为,他是在吸收了晚清改良派和维新派学习西方教育的经验教训后,提出其教育主张,开展教育实践的。他对中国旧教育的批判、对西方近代教育的引进,其广度、深度及影响,都超过前人,在近代教育史上占有十分突出的地位。他所主持的1912年的教育改革，首次提出了"五育"并举的教育方针，并且重视教育立法、提倡社会教育和少数民族教育，进而制定了比较完整的"壬子癸丑学制"，是一次意义深远的教育变革。

对于蔡元培教育思想的核心，学术界存在不同观点。一种意见认为，教育独立论是蔡教育思想的核心，他的一系列教育主张都是以此为出发点；另一种意见则强调，教育救国思想构成蔡教育思想的主导，而教育独立论不过是其教育救国思想在特定环境下的派生物。有学者指出，蔡的教育思想受到卢梭、沛斯泰洛齐的深刻影响，他提出的"尚自然，展个性"的教育主张实质是"儿童本位论"的观点。也有学者对此提出异议，认为，蔡元培在接触"儿童本位论"的教育思想以前，很早就提倡学生自学和研究，就有"尚自然，展个性"的主张，这主要是继承了中国古代书院的传统。

蔡元培的高等教育思想，在其总体教育思想中无疑居于重要位置。人们总结道：注重科研与教学相结合，以科研促进教学，学生文理互修，是他组织和指导大学教育的重要思想特色。"兼容并包"主张是他教育思想研究中的一个热点。比较带有倾向性的看法是，"兼容并包"主张表面上对各派思想学说不偏不倚，无所偏向，似乎有折中调和之嫌，实际上，这正是蔡元培这种地位的人在那个时代所能找到的最好的思想斗争武器。在新文化运动中，蔡元培显然是站在新派一边，其"兼容并包"在当时具有明显的倾向性。研究者几乎一致认为，"兼容并包"的主张反映了思想和文化科学发展的规律，反映了高等教育的规律，它是从进化论的观点出发，听任各种学术自由发展，自然淘汰，有其相当的合理性，不应当将这一主张视为所谓"资产阶级自由主义"，而应当充分肯定它是促进学术发展的唯一正确方针。

蔡元培的社会政治思想比较复杂，表现形式亦呈多样化。这方面的研究相对薄弱，然而学术观点却颇多歧异。一种意见认为，蔡的社会政治思想是在强烈的爱国主义基础上生发的民主主义和小资产阶级的社会主义；另一种意见则认为，蔡的政治思想是资产阶级民主主义和小资产阶级无政府主义的混合体。论者在一致肯定蔡是一个革命民主主义者的同时，也注意到他受无政府主义影响的一面。有的论者认为这是早期短时的现象，蔡后来放弃并批判了无政府主义；而有的论者则认为蔡的无政府主义倾向延续了很久，"五四"时期仍有表现。关于蔡在民国后的基本政治取向问题，有论者认为，民国成立以后，蔡基本上就不是一个激进的革命论者，而是一个社会改良论者；另有论者则认为，蔡列名发表《我们的政治主张》，才开始走上改良之路。有研究者指出，蔡1927年参加"清党"是政治上的失误，但对大革命失败后至"九一八"事变以前这段时间蔡的思想和行动，应作具体分析，不应一概否定。这一时期，蔡的政治表现与其反对极端、主张中和的思想有很大关联，蔡的中和思想由来已久，他受到儒家中庸思想、康德"二元论"和克鲁泡特金"互助论"等多方面的影响。

学术界对于蔡元培哲学思想的性质、特点、渊源等认知不一。或说他逐步倒向"现代主观唯心主义"，或说"已由唯心论进到唯物论"，或说他在哲学上首次提出了科学的人生观和世界观为近代中国"唯物主义思潮作前导"，等等。有的学者在深入分析蔡的哲学思想后认为，在物质与精神二者关系的根本观点上，客观唯心主义始终是蔡的基本思想，但当他根据近代自然科学知识阐述自然界的演化，说明人的认识，批判宗教神学方面时，却具有明显的唯物主义倾向。蔡哲学思想的渊源有两个：一是中国古代哲学，主要继承了儒家思想，特别是中庸之道；一是西方哲学，从古希腊直至近代欧洲，他都有所涉猎并加以吸收，但主要是以康德哲学为框架，糅合叔本华等人的思想。不过，他的哲学思想既非西方的，也非中国古代的，更非只遵从一家一派，是适应近代社会而产生的复合型哲学的一种表现形态。

人们充分肯定蔡元培对中国近代伦理学和美学所作的开创性工作。认为，蔡总结中国历代伦理学说，介绍西方近代伦理学，将"自由、平等、博爱"思想与中国传统伦理学资料相结合，作为现实的道德标准，用以指导社会。在美学方面，蔡虽然没有建立起缜密的美学理论体系，但通过美育紧密联系社会实践，发挥了重要作用和影响。在这一点上，蔡与王国维的重视美学理论却忽略社会应用的特点适成相反，互有长短。蔡毕生倡导美育，以此作为改进社会的工具，但过分夸大美育的社会作用，某些美育设施带有空想色彩，则是其美育思想的不足。

如何处理中西文化关系，既是理论问题，也是实践问题，蔡元培在此方面的主张和实践引起颇多关注。有些论者对他的评价甚高，认为在戊戌至辛亥时期的一批革新家中，蔡元培是比较能够正确评价中西文化，能够没有偏见的同时看到中西文化传统中优缺点的少数人之一，他既不是国粹派，也不是民族虚无主义者。这是由于他比较深刻了解中西文化的内容，便于比较权衡，知其得失长短。在当时的历史条件下，他用自己在政治、文化领域的思想和实践，较好回答了文化上的中西关系问题。中国知识界后来对文化问题的几次讨论，似乎还没有明显超出蔡元培和他持相同观点的前代学者回答的范围。有些论者在肯定他支持新文化的同时也指出，在文化问题上他基本上是站在折中主义的立场上，企图调和新旧文化之间的矛盾，尽管这是较为次要的一面。有的外国学者特意探讨了他与儒家文化的关系，认为蔡元培在中国近代变革阶段反映了儒家的人文传统，强烈的道德思想，修身和治国平天下的结合，强调和谐、个人自由与社会义务的完美平衡，这些构成了他孔孟型的文化性格。

有的学者论及蔡元培在治学方面深受中国旧学影响的问题，并对此进行了分析。认为：蔡因其旧学根基已固，价值标准已趋定型，故对西学是选择，是拿来与旧学相印证，所以谈自由平等博爱，谈社会主义，言必称孔孟。他对西学广闻博览，且具眼光识力，但其根本态度，从立身行事到从政问学，都极受旧学的影响。在学术上，蔡元培与梁启超一辈人同属泛滥百家的一代，蔡虽多年留学海外，但他是在中国学问已成、根基已固的情况下去做老童生，他只是去求更多的了解，而不在乎完成什么。他承认自己"受中国读书人恶习太深"，所谓中国读书人之恶习，就是博览而无系统，散漫而无中心。蔡元培的自我批评，是符合其实际的。正因如此，尽管他本人也深知做学问最重要的是方法，但他却远未能锤炼出自己的一套方法。他的著述，大多是讲义式的概述，谈不上有缜密的方法，其《红楼梦》研究更是因为方法不当而脱离了科学研究的轨道。

蔡元培学术研究经众多学者的不懈努力，业已构建了一个牢固基础，为进一步的学术探讨铺设了通畅路径。未来需要深入考究者,乃蔡元培思想内涵的时代性和普遍意义。譬如,步入新世纪以来,人们关心和忧虑高等教育现实问题,往往追念蔡先生的"前尘往事",奉为圭臬,视北大当年的教育改革为精神范本,显示蔡先生的办学思想和实践仍驻留在历史记忆和现实活动之中。再如,国人的思想习惯中历来追求整齐划一,排斥众声喧哗,无形中增加了行政强势却自我削减了民族的思想活力,权衡得失,实在值得认真省思。蔡元培"在习于专制、好同恶异的东方人中实所罕有"的思想性情、制度主张及其实际成效,不仅作为办学经验需要继承,还应从更加广阔的治国理政高度予以借鉴。作为 20 世纪中国知识分子的杰出代表之一,蔡元培的"精神遗产"确实值得细致梳理,认真研讨,并在实践层面不断加以弘扬。

附录

年　谱

1868年（同治六年）　1月11日，出生于浙江省绍兴府山阴县城内笔飞弄。

1889年（光绪十五年）　秋，赴杭州应恩科乡试，中举人。

1890年（光绪十六年）　春，赴北京应会试，中为贡士，未参加本科殿试。

1892年（光绪十八年）　春，入京补应殿试，被取为二甲第34名进士，授翰林院庶吉士。

1894年（光绪二十年）　春，应散馆考试，升补翰林院编修。适逢中日甲午战争爆发，关切时局，接受新学。

1898年（光绪二十四年）　秋，戊戌变法失败，深感失望，遂请长假，离京南归。冬，任绍兴中西学堂监督。

1901年（光绪二十七年）　任上海南洋公学特班中文教习，学生中有黄炎培、邵力子、李叔同、胡仁源等。

1902年（光绪二十八年）　在上海发起成立中国教育会，任会长。组织爱国学社，任学社总理。

1905年（光绪三十一年） 加入中国同盟会，被孙中山委任为上海分会会长。

1907年（光绪三十三年） 离京经西伯利亚赴德国留学。

1908年（光绪三十四年） 秋，进入莱比锡大学听课和研究。

1911年（宣统三年） 获悉国内爆发武昌起义，由莱比锡到柏林。经西伯利亚回国，抵上海。

1912年 出任中华民国临时政府教育总长。辞去教育总长职务。再赴德国。

1913年 因宋教仁被刺回国抵沪。离沪赴法国，旅居巴黎近郊。

1915年 与李石曾等在法国组织"勤工俭学会"。

1916年 接北京政府教育总长范源濂电，请其担任北京大学校长。旋即回国。被任命为国立北京大学校长。

1917年 到北京大学视事，发表就职演说。因张勋复辟，一度辞职，事件平息后，回校复任。

1918年 在北大发起组织进德会，发表《进德会旨趣书》。撰写《北京大学月刊》发刊词，阐明"学术自由、兼容并包"的办学宗旨。

1919年 撰写《致〈公言报〉并答林琴南函》，反驳林纾对北京大学及新文化运动的指责。五四运动爆发。其后，与各校校长积极营救被捕学生。辞北大校长职务，离京出走。又返京复任北大校长。

1920年 公布北大招收女生的消息，教育部采取默许态度。离上海赴欧美考察。

1921年 在法国、瑞士、德国、奥地利、匈牙利、荷兰、英国、美国进行考察、访问。

1922年 发表《教育独立议》一文。领衔发表《我们的政治主张》一文。

1923年 因不满教育总长彭允彝干涉"罗文干案"，愤然辞去北大校长职务。赴欧洲。

1926年 应北京政府教育部电促回国抵上海。

1927年 国民党中央监察委员会在上海召开常务会议，被推为主席，通过吴稚晖提出的议案。准备试行大学区制度，呈请国民政府变更教育行政制度。被国民政府任命为大学院院长。

1928年 被任命为国立中央研究院院长。辞去大学院院长等本、兼各职，专任国立中央研究院院长，携眷离南京，定居上海。

1929年 当选中华教育文化基金董事会董事长。兼任国立北平图书馆馆长。

1931年 为调解"宁粤对立"，与张继、陈铭枢南下广州谈判。

1932年　与宋庆龄、杨杏佛等在上海组织中国民权保障同盟，任副主席。

1934年　发表《我在北京大学的经历》一文。

1935年　印发启事：辞去一切兼职，停止接受写件，停止介绍职业。

1936年　开始撰写《自写年谱》。11月下旬，大病，身体转衰。

1937年　由丁燮林等陪同离上海抵香港。

1939年　以《满江红》词牌，为反侵略大会中国分会作会歌。

1940年　3月5日，上午9时45分在香港养和医院病逝，遗体后葬于香港仔华人公墓。

参 考 书 目

1. 中国蔡元培研究会编：《蔡元培全集》(1～18卷)，浙江教育出版社，1998年。

2. 高平叔、王世儒编著：《蔡元培书信集》(上下册)，浙江教育出版社，2000年。

3. 中国蔡元培研究会编：《蔡元培纪念集》，浙江教育出版社,1998年。

4.高平叔编撰:《蔡元培年谱长编》(1~4册),人民教育出版社,1996~1998年。

5.高平叔编:《蔡元培教育论著选》,人民教育出版社,1991年。

6.陶英惠编:《蔡元培年谱》(上册),台湾"中央研究院"近代史研究所,1976年。

7.王世儒编:《蔡元培年谱》(上下册),北京大学出版社,1998年。

8.周天度:《蔡元培传》,人民出版社,1984年。

9.金林祥:《蔡元培教育思想研究》,辽宁教育出版社,1994年。

10.聂振斌:《蔡元培及其美学思想》,天津人民出版社,1984年。

11.张晓唯:《蔡元培与胡适——中国文化人与自由主义》,中国人民大学出版社,2003年。